Ficha Catalográfica

(Preparada na Editora)

Barros, Telma Maria Magalhães, 1965-

B28s *Somente um anjo* / Telma Maria Magalhães Barros, Espíritos Melca e Victória. Araras, SP, 1ª edição, IDE, 2012.

288 p.

ISBN 978-85-7341-578-0

1. Romance 2. Espiritismo 3. Psicografia. I. Título.

CDD -869-935
-133.9
-133.91

Índices para catálogo sistemático

1. Romance: Século 21: Literatura brasileira 869.935
2. Espiritismo 133.9
3. Psicografia: Espiritismo 133.91

Somente um Anjo...

ISBN 978-85-7341-578-0

1ª edição - setembro/2012
8.000 exemplares

Projeto Editorial:
Jairo Lorenzetti

Capa:
César França de Oliveira

Diagramação:
Maria Isabel Estéfano Rissi

INSTITUTO DE DIFUSÃO ESPÍRITA - IDE
Av. Otto Barreto, 1067 - Cx. Postal 110
CEP 13602-970 - Araras/SP - Brasil
Fone (19) 3543-2400
CNPJ 44.220.101/0001-43
Inscrição Estadual 182.010.405.118
www.ideeditora.com.br
editorial@ideeditora.com.br

Romance espírita de

Telma Magalhães

Espíritos Melca e Victória

Somente um Anjo...

Deus sempre envia LUZ àqueles que padecem

ide

Sumário

CASA DO AMOR

– Bom dia, senhora, como está se sentindo hoje?

– Estou melhor, meu anjo – respondi-lhe, com ternura.

– Fico muito feliz... Hoje a levarei para dar um passeio em meu jardim favorito e, lá, lhe apresentarei alguns amigos que me são caros.

– Não sei se sou digna de seu carinho... Você sempre foi um anjo para mim, de verdade!

– Não, sou apenas alguém que a ama muito e não acredito que isso seja atributo para ser um anjo! – disse Sophia, segurando as minhas mãos.

– Bem, não me sinto em posição de recusar tão generoso convite e, para falar a verdade, estou mesmo ansiosa para sair desta enfermaria. Apesar de ser linda e muito perfumada, tenho certeza de que lá fora é muito melhor.

E intentei levantar-me do leito.

– Se não se importar, minha doce senhora,

peço sua permissão para ajudá-la, afinal, é a primeira vez que está se levantando, depois de um bom tempo. Sei que é uma pessoa muito forte, mas lhe peço, para que eu não me sinta inútil. Se a senhora me conceder essa honra, ficarei feliz.

Percebi que aquele anjo não queria que eu pensasse que não estava bem e, humildemente, trocou de papel comigo. Realmente, me sentia um pouco fraca, pois havia um mês que estava naquela enfermaria. Quando encarnada, passei vários anos, adoentada e, agora, depois de minha desencarnação, necessitei de cuidados para recuperar as minhas forças. A pneumonia me maltratara muito. E Sophia segurou as minhas mãos com muito carinho, ao me conduzir para fora do hospital, e cada passo dado por mim era uma lembrança da minha vida na carne. As lágrimas eram de alegria e era realmente maravilhoso ver aquela menina ali, em um lugar tão bonito e colorido, onde não existiam lamparinas, e as luzes eram naturais. Para mim, tudo era novidade e, quando avistei a parte de fora do hospital, entreguei-me a uma verdadeira loucura, parecendo um pequeno cão quando consegue se desvencilhar de seu dono. Soltei as mãozinhas de meu anjo para sair correndo sem saber para onde, ou melhor, para todos os lados. Aquilo realmente era fascinante. Sophia ficou me assistindo como se eu fosse uma criança e, sorrindo, começou a brincar comigo. Eu não podia acreditar no que estava acontecendo; recobrei a força da juventude, sentei-me no chão, deitei e rolei para todos os lados; em seguida, levantei-me e comecei a pular como se estivesse saltando corda e fui em direção às árvores, abraçando-as e beijando-as como se cada uma fosse a minha própria mãe. Eu estava no céu! Aquilo era um paraíso! Eu gostava muito de Pinheiro Machado, cidade onde nasci, mas nem de longe havia comparação.

– Meu Deus! Como tudo aqui é lindo! Sophia, conte-me, quem construiu este bairro? E onde ele fica? Qual é o nome deste lugar e como eu vim parar aqui?

– Irei lhe contar tudo com detalhes, mas não fique tão ansiosa, afinal, terá muito tempo para conhecer tudo e todos. A senhora já sabe que está desencarnada e que agora irá ficar aqui até se recuperar um pouco mais; depois, será encaminhada até uma colônia chamada Casa do Amor, localizada acima da cidade de Pinheiro Machado. Hoje, irei mostrar-lhe apenas alguns lugares daqui. Mais tarde, a senhora irá receber uma visita que lhe trará muita alegria. Peço, apenas, que não fique tão ansiosa assim.

– Está bem, minha querida, afinal, estou parecendo uma criança curiosa. Peço-lhe desculpas...

– Não me peça desculpas, dona Melca, pois a compreendo; também já me senti assim, um dia. Penso que todos os que vêm ficar conosco sentem essa felicidade e também têm curiosidade, o que é muito normal.

– Sophia, eu sei que é a primeira vez que estou saindo da enfermaria, depois da minha desencarnação, mas, se possível, me responda: por que eu tive de ficar apenas na enfermaria, já que, quando encarnada, passei tanto tempo em um hospital?

– É que aqui, é diferente de lá. Quando a senhora estava encarnada, precisava recuperar o corpo físico para evitar a morte dele. Aqui, a senhora precisa recuperar o corpo perispiritual, a fim de se adaptar novamente a este plano. Graças ao seu bom coração, os irmãos Francisco e Angelísio puderam fazer o desligamento do seu perispírito sem maiores dificuldades. Eu estava presente e procurava auxiliar com vibrações de muito amor. Na verdade, lhe sou muito grata por ter aliviado o meu sofrimento na Terra enquanto estive lá.

– Até quando irei ficar nesse hospital? Não estou perguntando por achar ruim o lugar, é que penso que hospitais são para pessoas doentes e estou me sentindo muito bem. Não tenho mais dificuldade para respirar, caminho com facilidade e não me sinto cansada como antes. Na verdade, Sophia, eu mesma não aguentava aquele corpo velho e sofrido e fico feliz por ter-me livrado daquele fardo. Sou grata a Deus, também, por ter-me dado você, como amiga na Terra, para me ensinar a gostar do meu corpo, mesmo doente, e como você dizia: "agradeça, dona Melca, a Deus por podermos ter um corpo com braços, pernas e condição de trabalhar". E hoje sou grata por Ele me permitir estar mais uma vez com você. Aliás, Sophia, penso que já nos conhecíamos, mas nunca pude entender isso.

Será que tem a ver com vidas passadas, já que vivemos muitas vidas?

– Sim, dona Melca, mas deixarei para falar sobre isso em outro dia, pois, no momento, apenas posso dizer é que já convivemos outras vezes e sempre fomos amigas.

– Nunca imaginei que fosse assim a vida depois da morte, ou melhor, depois da vida. Para falar a verdade, nem imaginava que existisse outra vida, apesar de que eu sentia que Deus não iria criar os homens para viver e depois morrer, sem motivo algum, mas agora, eu tenho certeza disso.

– Não, dona Melca, a senhora apenas não se lembrava de que existia vida depois da vida terrena. Do mesmo jeito que ainda não consegue se lembrar de onde nos conhecemos e que já esteve aqui.

Quando Sophia me falava, eu sentia que as lembranças começavam a aflorar em minha mente. Lembrei-me daquele lugar. E quando olhei à minha frente e vi alguém muito querido, percebi que ele havia sido meu marido em encarnação anterior à minha última Senti, então, uma felicidade tão intensa, que comecei a chorar e corri a abraçá-lo. Lembrei-me de que, na última, fui à Terra para tentar ajudar Airton; só não me lembrava de qual fora o motivo desse consórcio.

– Enéas, que felicidade encontrá-lo! Meu querido, a saudade invadiu meu coração quando o vi. Eu me lembro, Sophia! – exclamei, emocionada. – Eu me lembro! Meu Deus, muito obrigado por isso.

– Melca, minha querida, não chore. Estamos juntos agora e iremos ter muito tempo para matar as saudades. Eu a aguardava há tempo e, quando soube que estava prestes a voltar, o meu coração se encheu de júbilo.

– Perdoe-me, meu Deus, pelo abraço que dei em meu antigo companheiro! Não estou traindo meu marido Airton. Apenas, a presença dele me fez sentir vontade de abraçá-lo.

Caindo de joelhos, eu me justificava com o Criador.

– Levante-se, minha querida, levante-se. Não

precisa ficar de joelhos para falar com nosso Pai Celestial. E não precisa se justificar, pois não estamos traindo ninguém. Amamo-nos há muito e você, em breve, lembrará o motivo da sua ida com Airton.

Nesse momento, Sophia apresentou-me a Francisco.

– Dona Melca, este é Francisco, amigo querido, que também tem-me acompanhado em algumas estadias na matéria e em outras, como protetor espiritual.

– Bom dia, Senhora Melca, vejo que está se recuperando bem, e, logo, Sophia poderá lhe explicar tudo. Também estará pronta para lembranças que sutilmente se farão presentes em sua memória. Por enquanto, aproveite o passeio com a bela Sophia. Creio que não poderia estar em melhor companhia. Agora, tenho que ir. Muita paz.

– Sophia, quem é esse gentil cavalheiro? – indaguei, curiosa.

– É um amigo que me é caro. Foi meu pai em algumas encarnações e me ensinou a servir a Jesus, sem jamais me esquecer de que deveria ser sempre grata por tudo e por todos, não importando a situação.

– Como assim?!

– Tudo o que nos acontece de bom ou de ruim tem sempre um propósito positivo. Quando uma pessoa sofre, ou esse sofrimento foi provocado por ela mesma ou faz parte de seu aprendizado moral. É dessa maneira que aprendemos a ser melhores. Geralmente, quando estamos encarnados, não aceitamos a vida que temos, sendo que, algumas vezes, não é uma vida difícil e muito menos penosa, mas, mesmo assim, não agradecemos a Deus. Sempre criamos uma justificativa para acharmos algum tipo de dificuldade e sermos infelizes com o que temos. Outras vezes, vivemos realmente uma vida árdua, do ponto de vista material, mas isso só acontece por termos desobedecido às leis de Deus, esbanjando o que tínhamos, sem nos importarmos com o próximo ou arruinando a vida de alguém, por inveja ou maldade. Como pode ver, tudo é para aprendermos a valorizar o que Deus nos concede. Quando escolhemos o mal, as consequências, inevitavelmente, são funestas.

A explicação de Sophia era tão clara, que dispensava perguntas. Ela continuava a mesma menina doce e serena. Parecia que nada havia mudado nela, e que nem a morte do corpo físico a transformara em outra pessoa. Eu só não conseguia entender como ela podia continuar igualzinha, até mesmo na aparência, e essa curiosidade foi mais forte.

– Sophia, você me parece uma criança, ainda... Como sabe tantas coisas sobre a vida?

– Ah, minha querida, tenho vivido muitos séculos, e as experiências adquiridas jamais se perdem. Terei muitas vidas, ainda, pela frente, e se me apresento com esta aparência de menina, é para que você possa me identificar. Se bem que prefiro esta aparência da última encarnação, pois foi com ela que consegui provar que estava preparada para retornar. Mas sobre isso, falarei depois, explicando-lhe sobre a minha aparência; o corpo perispiritual, se possuímos algum merecimento, pode ter a sua plasticidade de acordo com a vontade do Espírito.

– Bem, eu já aprendi que o corpo perispiritual é um envoltório semimaterial que une o Espírito ao corpo físico, não é isso? Mas eu também posso modificar a minha plástica, se eu quiser?

– Pode, sim. Hoje, a senhora se apresenta com a aparência que tinha na última encarnação, mas se desejar, poderá, em breve, ficar com outra que já teve em vidas passadas, ou, até mesmo, permanecer com essa, só que mais jovem.

– Meu Deus! Isso é maravilhoso, não é mesmo, Enéas?

– Penso, minha querida, que deveria deixar as perguntas para depois e, agora, gostaria de levá-la para ver um lago que possui peixes diferentes e lindos. Sei que irá adorar o passeio. Eu também tenho saudades e gostaria de ficar um pouco mais com você, antes de retornar aos meus estudos.

– Estudo? Você estuda aqui, Enéas?

– Sim, e logo você também irá participar de alguns. São para nos prepararmos para voltar à Terra, quando nos for dada outra oportunidade de aprendizado.

– Não creio que eu queira voltar para viver

encarnada. Aqui é maravilhoso, com essas luzes, com pessoas generosas que me amam e, para falar a verdade, só sinto que Airton não conheça este lugar. Penso que ficaria melhor aqui, pois sempre reclamou da vida dura que tinha. Às vezes, sinto-me culpada por estar bem e ele, ainda vivendo lá, com tantas dificuldades. Pobre Airton.

– Dona Melca, eu a deixarei com o Senhor Enéas para conversarem um pouco mais. Em breve, nos encontraremos. Tenho que voltar ao trabalho, afinal, nós não vivemos na ociosidade, aqui.

– Não me deixe mais uma vez, Sophia.

– Eu não a estou deixando. Eu a amo muito e sempre estarei ao seu lado. Fique com Deus.

Eu temia ficar sem Sophia outra vez, pois sofri muito quando ela desencarnou. Não pude fazer muito por ela e isso me atormentou a alma, fazendo-me adoecer, rapidamente. Sei que a minha tristeza baixou a imunidade de meu corpo, trazendo-me doenças. Podemos evitar doenças, não permitindo que nossas ações e pensamentos inferiores venham a acelerar o aparecimento delas que, muitas vezes, já estão por eclodir em nosso corpo. Pensamentos negativos e maus desejos, egoísmo e orgulho, são as principais causas de as doenças dominarem os nossos corpos físicos.

O INÍCIO

Meu nome é Melca e minha mãe adorava esse nome. Ela lia a bíblia, que aprendeu a gostar com a mãe dela, minha avó Antônia. Quando eu era criança, minha mãe costumava sentar-se comigo à porta de nossa casa, no final da tarde, e me contava a história de Salfaad, que era um personagem bíblico que tinha cinco filhas: Maala, Noa, Hegla, Tersa e Melca. E foi dessa história que veio o meu nome. Minha mãe sofreu muito, era uma mulher submissa, e meu pai, muito autoritário. Quando ele morreu, minha mãe não sofreu nada, ficando até satisfeita com a morte dele. Ela dizia que uma mulher tem que ser forte e não deve ser submissa. Eu sei que ela só falava aquelas coisas para que eu aprendesse a lidar com os homens e não sofresse como ela sofreu. Quando meu pai desencarnou, minha mãe foi trabalhar em uma estalagem de uma cidade, no Estado do Rio Grande do Sul, hoje, Pinheiro Machado, cujos proprietários eram dois idosos, que a tratavam como filha. Quando eles partiram para o plano espiritual, deixaram-lhe a estalagem, como herança, que acabou ficando para mim, com a morte dela, em 1848.

Foi lá que vi, pela primeira vez, aquela que eu chamaria de "anjo". Era sábado, fazia muito frio, e as pessoas pareciam loucas, fazendo compras no mercado em frente à minha estalagem. Meu marido era um homem duro e sem amor, com quem casei, depois da morte da minha mãe, com muito medo de ficar sozinha. No início de nossa vida de casados, ele não era tão ruim ou, pelo menos, não aparentava ser, mas, depois, foi mostrando sua verdadeira personalidade e dessa eu morria de medo, o que sempre me fazia lembrar das histórias que minha mãe contava. Quando ele falava alto comigo, eu abaixava a cabeça, temerosa. Ele tinha o hábito de ficar em pé em frente à nossa estalagem, para, segundo ele, nenhum moleque pedir esmolas ali. A verdade é que ele não gostava de ninguém, vivia reclamando de tudo, e até mesmo alguns clientes só vinham quando sabiam que ele estava viajando para comprar mercadorias. As pessoas passavam de um lado para outro, sem entrar, alguns até arriscavam um "bom dia" para ele, infelizmente, sem resposta; outros, nem mesmo olhavam, pois conheciam Airton muito bem. Eu sempre gostei de conversar com as pessoas, mas só quando ele não estava presente, para evitar aborrecimentos. Muitas vezes, ele me dizia que mulher casada não podia dar o desfrute de falar com ninguém. Eu aceitava o que ele me dizia, para não aborrecê-lo. Afinal, o conhecia bem.

– Melca, que diabos está fazendo nessa cozinha, mulher?! – berrava Airton. – Tem clientes aqui, quer que eu vá à falência?! Venha imediatamente atender as pessoas, mulher preguiçosa!

– Bom dia, senhor! – eu cumprimentava, com um sorriso, o gentil cavalheiro que todo dia almoçava em nossa estalagem.

– Bom dia, dona Melca! Quero o de sempre.

Mas era só o cliente sair para Airton reclamar do meu atendimento, que considerava muito gentil. Ele estava sempre de mau humor. Algumas vezes, eu argumentava que, se eu fosse mal-educada, perderíamos para a senhora Feliciana, dona de uma outra estalagem, e ele tinha pavor de vir a perder clientes para ela, que era uma mulher parecida com ele no modo de agir, e poucos clientes iam lá. Às vezes, eu ficava pensando o porquê de escolherem o nosso estabelecimento ao invés do de dona Feliciana. Afinal, Airton era tão mal-educado quanto a pobre infeliz. A única diferença era que lá, ela era sozinha, e na nossa estalagem, ele ficava pouco.

A vida em Pinheiro Machado estava agitada, pois algumas pessoas se mudaram para lá depois da Guerra dos Farrapos. Nessa época, eu conheci Júlia. E ela era linda, muito educada, e tinha vindo de Jaguarão. Seu esposo havia participado da Revolução Farroupilha, em favor do Governo Imperial, e morrera lutando. Júlia teve sua casa queimada e resolveu sair de sua cidade, à procura de outro lugar onde pudesse ter paz para criar a sua filhinha. No dia em que a conheci, ela estava doente e eu não sabia nada sobre ela e muito menos sobre o seu passado. Ela tinha vindo até a estalagem para comprar comida para uma pessoa e a atendi com muito gosto. Possuía um sotaque diferente e estava sozinha. Foi quando ela me contou que não aguentava mais viver em Jaguarão e estava procurando um novo lugar, mas que também desejava muito não ficar no Rio Grande do Sul. Que a vida dela não era boa e, como ela mesma disse: "eu nunca fui feliz aqui". Acho que aquelas palavras tocaram a minha alma. Percebi a tristeza no olhar daquela mulher jovem e linda, trajada de maneira muito simples, o que demonstrava a sua situação financeira difícil. E fiquei conversando com ela enquanto preparava o almoço para ela levar, sem perceber que Airton estava chegando e nos pegou conversando.

– O que pensa que está fazendo, Melca?! Agora não trabalha mais e ainda fica de conversa com qualquer um?

– Airton, essa é dona Júlia...

– Não me interessa!

– Ela veio comprar...

– Comprar?! Ah, me desculpe, senhora, eu estou muito preocupado com os negócios e, às vezes, me descontrolo. Peço que a senhora me perdoe pelas palavras. A verdade é que minha esposa é cabeça oca e fica conversando muito no horário do trabalho e isso está me custando caro. Bem, irei me deitar um pouco, pois não estou me sentindo bem – disse Airton, procurando disfarçar.

– Peço desculpas, dona Júlia, pelo meu marido.

– Apenas Júlia, por favor, e não precisa se desculpar por nada, afinal, a senhora está sendo muito gentil e não me lembro de ter sido destratada pela senhora – respondeu-me, amavelmente, tranquilizando-me.

– A senhora é muito gentil. Eu tento trabalhar direito, mas é muito difícil agradar meu marido.

– Não creio que precise agradá-lo, pois penso que a senhora deve, apenas, trabalhar para distrair a mente. Sei que não é fácil conviver com uma pessoa dura, mas tenho certeza de que Deus nos dá apenas o que podemos suportar.

– A senhora pretende ficar aqui?

– Não. Eu pretendo ir morar com a minha mãe. Lá criarei Sophia, minha filha.

Foi tudo o que conversamos e eu fiquei encantada com ela. Antes de Júlia sair, entraram outras pessoas que vieram almoçar e aquele dia foi mais um em minha vida, com a única diferença de que aquela mulher havia-me deixado feliz com as palavras educadas que brotaram de seus lábios.

O tempo parecia não passar em Pinheiro Machado, e os meus dias eram todos iguais. O que eu não sabia era que Deus reservava algo especial para mim. Às vezes, não entendemos a vontade de nosso Pai Celestial e questionamos o que Ele faz. Hoje, sei que tudo tem um propósito e nada é por acaso. O sofrimento por que passamos ou é resgate ou prova, sendo algumas dolorosas e difíceis, outras parecem até mesmo cruéis, mas a cada um segundo as suas obras. Mas não deixa de ser, sempre, um ensinamento.

– Acorda, mulher! Vive no mundo da lua! Até parece que não tem nada a fazer!

Sempre que eu estava pensando e Airton chegava, tomava um grande susto, pois ele não gostava que eu pensasse. Na verdade, tinha pena dele, porque sabia que ele não era feliz e, além de tudo, não era adepto a nenhuma religião. Vivia reclamando de Deus e acreditava que, se Deus fosse bom, ele tinha que ter uma vida de posses; segundo ele, a injustiça se caracterizava por ele ser pobre e trabalhar muito para me alimentar, sem eu ser a mulher que ele esperava que eu fosse para ele. De minha parte, sentia vontade de chorar quando o ouvia falando daquele jeito, não por mim, mas por ele. Eu podia sentir o quanto ele era infeliz, sem contar as dores que ele sentia nas pernas, com varizes abertas e sempre amarradas com panos e folhas de hortelã. Eu mesma não sabia para que serviam aquelas folhas, mas quando ele estava fazendo o emplastro, sempre murmurava algumas frases truncadas que eu mal entendia; parecia algo sobre a hortelã afastar o mau-olhado e cicatrizar rápido. Nunca soube que essa erva servisse para isso!

– Deseja algo, Airton?

– É claro que desejo. Quero que não seja tão lerda e trabalhe mais, afinal, não sustento você para me dar prejuízo!

– Não se preocupe, não irei lhe dar prejuízo. Fico grata por ser generoso comigo.

Eu falava assim para que não levasse a conversa adiante. Às vezes, ele ficava muito doente e queimava em febre, delirava muito, parecendo fugir de algo ou alguém, e eu sentia vontade de ajudá-lo, mas ele jamais permitiria ou aceitaria a minha ajuda. A perna estava ficando podre por mais que eu tentasse argumentar para que procurasse o doutor João, que era um médico e que atendia os pobres, sem cobrar nada. Airton dizia que ele não passava fome para procurar alguém que atendesse pobre; outras vezes, dizia que todo médico era ladrão, e cobrava os "olhos da cara". E eu nada podia fazer por ele, a não ser rezar, e isso eu sempre fazia e com o coração.

Sophia

Os homens começaram a limpar as barracas da feira e algumas estavam sendo desmontadas. Na banca de dona Nita, uma senhora de uns oitenta anos, que vendia verduras, foi que avistei aquela menina com seus sete anos de idade ou oito ou nove, era miúda, sozinha e estava chorando. Ela era linda e nunca a havia visto em Pinheiro Machado; para falar a verdade, eu seria incapaz de não me lembrar daquele rosto, com uma feição sublime e forte, ao mesmo tempo. Os cabelos caíam-lhes pelos ombros e iam até a cintura; ruiva como a ocra amarela, com uma franja mal cortada, que parecia ter sido feita pelas mãos do senhor Cuba, um açougueiro amigo, e não por um barbeiro, mas, mesmo assim, ela era linda. Eu gritei para dona Nita, a fim de saber quem era a pequena, no entanto, meus berros pareciam não ser ouvidos. Olhei para dentro da minha casa, para averiguar se Airton estava por perto, pois estava aflita para saber o motivo do choro da criança. Saí correndo como se não quisesse ser pega com "a boca na botija" e encaminhei-me até a barraca. Para meu desespero, a garotinha não estava mais lá, pois um carroção ficara em minha frente, tirando-me a visão dela, que sumiu, sabe lá Deus para onde.

– Bom dia, dona Nita.

– Bom dia, dona Melca. Como vai o seu Airton? Ele já aprendeu a ser educado? – perguntou-me dona Nita, que conhecia Airton havia muito tempo, e não eram muito amigos. – Ele já esteve aqui hoje, chorando miséria. Ah, homem triste, meu Deus!

– Dona Nita, a senhora sabe quem era a menina que estava chorando aqui, em sua banca? – indaguei, mudando de assunto e perguntando sobre aquela prenda que estava a chorar.

– Que menina? Eu não vi ninguém aqui, não.

Eu tentava descrever a guria, mas em vão; dona Nita parecia não ter-se apercebido dela. Não imagino como, pois ela parecia um anjinho. Nesse momento, avistei meu marido e, tentando disfarçar, comprei uma alface, voltando, em seguida, angustiada, para a estalagem.

– Já está na rua, mulher?! Não posso nem descansar um pouco, que a estalagem fica à mercê de qualquer um!

– Eu fui comprar alface. Quer que eu deixe os clientes sem salada?

Airton calou-se e logo foi para mais uma viagem. Ele nunca avisava quando iria viajar, e eu ficava sabendo quando ele já estava de partida com uma maleta velha, quase caindo aos pedaços. Nela, como sempre, havia uma camisa, duas peças íntimas e uma toalha. Era tudo o que Airton levava, não importava o tempo que fosse passar.

E eu fiquei feliz por ele viajar. Aproveitaria para ver se alguém conhecia a guria. Aquela menina me despertara algo que eu não sabia descrever.

– Bento – perguntei a um amigo que almoçava na estalagem –, você viu por aí uma guria de cabelos longos e ruivos?

Bento era um escravo liberto que, quando dona Maria de Magalhães e seus familiares foram morar na capital, estava quase morrendo com tanta sarna no corpo. O pobre fora deixado para trás e sua mãe, levada, sem poder reclamar; ele tinha nove anos de idade e dizem que os outros escravos, de uma terra vizinha, assim que ficaram sabendo, vieram pegá-lo quase morto, num celeiro, escondendo-o e cuidando dele em mata próxima.

– Não, dona Melca. Por quê?

– Por nada, não, apenas fiquei curiosa, pois vi uma garotinha chorando, próximo à banca de dona Nita, e fiquei impressionada com a imagem dela. Se você vir uma garotinha de mais ou menos sete anos, não sei precisar bem a sua idade, por aí, você vem me avisar?

– Claro, dona Melca, afinal, a senhora é muito generosa comigo...

– Não fale assim, meu filho, eu só faço o que você faria se estivesse em meu lugar.

– Dona Melca, por um acaso, seria aquela a menina de quem a senhora está falando?

– Meu Deus! É ela, sim. Fique aqui um momentinho, meu filho!

Corri em direção à pequena, com o coração parecendo sair pela boca.

– Espere, menina! Espere, por Deus!

Ela virou-se e, com uma voz doce e serena, mas com os olhos lacrimejados, onde eu via luz, perguntou-me:

– Eu?

– Qual é o seu nome, meu bem?

– Chamo-me Sophia. Quem é a senhora? Sabe onde está minha mãe?

– Não, meu bem! Qual o nome de sua mãe?

– Minha mãe chama-se Júlia.

Aquele nome me veio à mente com a lembrança da linda senhora que viera comprar comida em minha estalagem, para levar a alguém.

– Onde você mora, Sophia?

– Eu e minha mãe estávamos morando com meu tio, mas ela vai me levar para a casa da minha avó.

– E por que está chorando assim? – perguntava, querendo saber cada vez mais sobre ela.

– Eu me perdi da minha mãe quando desci do carroção de passageiros para brincar com um cachorrinho, enquanto o cocheiro estava dando água para os cavalos. Eu me distraí e ela foi embora. Não consegui fazer com que me ouvisse, porque ela estava tão cansada, que acabou adormecendo e não me viu descer.

Sophia chorava compulsivamente. Eu abraçava aquela menina e me sentia feliz, não pela situação dela, mas por estar com ela. Algo inexplicável para mim.

– Venha comigo e não chore mais, iremos encontrar a sua mãe.

– Para onde vamos?

– Para a minha casa, onde lhe darei o que comer e um banho quente. E depois que descansar um pouco, irei levá-la até as autoridades locais.

No final da tarde, quando estava indo com a menina para a delegacia, veio um homem, conhecido como Justino, que eu só conhecia de vista, e a segurou pelo braço, dizendo:

– Aonde pensa que vai, fujona?!

– Você a conhece? – interroguei-o, libertando Sophia de sua mão.

– Ela é minha enteada! Fique tranquila, senhora.

Algo me assustava naquele homem, mas a pobre menina me olhava, como quem conhecesse aquela pessoa e tivesse medo dela.

– Você o conhece, Sophia?

– Sim, é o meu tio – respondeu ela, olhando, sutilmente.

– Bem, se é assim, acho que deve ir com ele.

Puxando a garotinha pelo braço, o homem seguiu, ladeira acima, levando aquela que me trouxera estranha luz em meu coração. E os meus dias ficaram tristes, pois sentia saudade da menina. E aquela senhora, Júlia era seu nome, não me saía da cabeça, e a história de perder-se da mãe... pensei que talvez a menina estivesse confusa. Mesmo assim, algo não me parecia normal e resolvi ir até a delegacia.

– Senhor Nestor...

– Bom dia, dona Melca. Que bons ventos a trazem aqui, em minha delegacia?

– Bem, em verdade, eu vim fazer uma pergunta para o senhor.

– Pois não, pode fazer.

– Há uma semana, encontrei uma garotinha chamada Sophia, na rua, chorando. Levei-a para minha estalagem e ela me disse que havia-se perdido de sua mãezinha, mas quando ia trazendo-a para cá, apareceu seu Justino e a levou, dizendo que era enteada dele. Não me lembro de seu Justino ter uma esposa! E fiquei preocupada com a guria.

– Bem, dona Melca, Justino é muito esquisito e até de poucas palavras, mas eu sei que ele estava com uma mulher aqui do sul e ela veio com uma garotinha, sim. Penso que era sua cunhada, que veio viver com ele, depois da morte do marido. Ouvi alguns comentários sobre isso. Eu também não gosto desse homem, sei que ele é muito grosseiro e trapaceiro, mas isso não o impede de viver com uma mulher, não é mesmo?

– É sim, senhor Nestor. Mas penso que deveríamos averiguar essa história.

– Fique tranquila, dona Melca, pois irei procurar saber melhor sobre a menina. Vá com Deus. Ah! E como vai seu Airton? Está mais educado?

– Creio que ele está aprendendo a ser.

Maus tratos

Em casa de Justino...

– Não vai comer, Sophia?! – perguntou Justino, olhando para o prato da menina.

– Estou sem fome, senhor – respondeu, com lágrimas nos olhos.

– Você é uma ingrata, menina malcriada! Fiz comida para você e nem mesmo me agradece!

Justino estava aborrecido e, com a mão direita, empurrou o prato dele para a frente.

– Desculpe, Senhor Justino, eu vou almoçar, sinto muito... eu não queria aborrecer o senhor. Apenas sinto saudades da minha mãe!

– Aquela mal-agradecida foi embora sem olhar para trás, e ainda lhe deixou, sua tonta! Como pode ter saudades dela?!

– Não, senhor Justino, minha mãe não me deixou. Ela não me viu sair do carroção, e eu já contei isso para o senhor. Minha mãe, de tão cansada, estava dormindo, eu desci e fui brincar com um cachorrinho, sem ela perceber que eu havia descido. Então, o carroção partiu e eu fiquei gritando e ela não me ouviu. Eu tenho certeza de que ela está voltando para me buscar.

– Como você é burra, menina! Aquela maldita deixou você para trás e não vai voltar. Ela não aceitou se casar comigo por se achar melhor que eu. Bandida! Penso que meu irmão morreu por desgosto da esposa que tinha. Não percebe que ela queria se livrar de você?! Deixou-me um fardo que ela não quis carregar. Mas deixe estar! Nada é de graça e você será a minha paga!

– Minha mãe, senhor Justino, amava o meu pai, ele foi para a guerra e...

– Deixe de conversa fiada!

– Sim, senhor!

– Você já está grandinha e vai trabalhar arrumando a casa, lavando pratos, roupas e cuidando de mim, afinal, eu estou cansado de fazer tudo sozinho. E agradeça a Deus por ter a mim. E tem mais: nada de rua, afinal, o que não falta, são homens que levam mocinhas como você para longe da família e, se eu a vir conversando com algum homem, terei que lhe dar um corretivo!

– Entendi, senhor Justino – respondeu Sophia, cabisbaixa.

A vida em casa de Justino era sempre a mesma. Muito trabalho para Sophia e maus tratos. Aquele Espírito, inferior ainda, não a deixava em paz, sempre difamando Júlia para espezinhar a pobre menina. Muitas vezes, a surrava com um cinto, para que ela não pensasse mais em sua mãezinha.

– Sophia querida, aguente firme; logo, tudo isso irá passar!

– Mamãe! Onde você está? Leve-me com a senhora!

– Ainda não posso, querida, tente entender.

– Então, diga-me onde a senhora está!

– Estou aqui, querida. Jamais a deixarei, minha boa menina!

E Sophia acordava, procurando a mãe, dando-se conta de que Júlia não estava ali, percebendo, então, que era apenas um sonho. Tentava dormir novamente, para continuar sonhando com a mãezinha, não sem antes se ajoelhar no pano que forrava o chão onde dormia, rogando a Deus.

"Senhor de amor e perdão, sei que não sou uma boa filha, pois não consigo gostar do senhor Justino, que me alimenta, mas, se for possível, não fique zangado comigo e cuide de minha mãe. E um dia, se for da Sua vontade, me leve para junto dela".

E, voltando a deitar-se, logo adormecia.

Justino era um homem muito cruel e tudo o que fazia era de caso pensado. Aquela garotinha teria muito sofrimento pela frente.

Era manhã de domingo e Sophia amanhecera com febre alta, mas Justino não a levou ao médico, com medo de que descobrissem a crueldade dele contra ela. Haviam-se passado dois anos e Melca morria de saudade dela, mas tinha medo de seu esposo e quase não saía de casa. Queria vê-la, mas não tinha coragem de enfrentá-lo. Ficava esperando que algo acontecesse, sem se dar conta de que o tempo passara rápido demais e, quem sabe, quando despertasse, fosse muito tarde para ajudar aquele anjo.

– Acorda, menina preguiçosa, onde pensa que está?! Em um hotel?!

E com um pano de cozinha, Justino batia nas pernas de Sophia.

Sem reclamar, ela se levantou e ainda pediu desculpas a ele. Justino não saía do quarto, olhando a jovem em roupas íntimas.

– Senhor, pode me dar licença, para eu me vestir? – pediu, envergonhada, cobrindo-se de maneira sutil.

– Ora essa! Estou em minha casa e você é como se fosse a minha filha! Deixe de besteira e troque logo essa roupa antes que eu mesmo faça isso!

A pobre menina levantou-se, vestindo-se ali mesmo, sem ao menos levantar a vista para o homem que, parado, encantava-se com a beleza dela, com pensamentos macabros a atormentarem sua cabeça. E comparsas invisíveis insuflavam ideias menos dignas naquele ser desequilibrado, tendo como objetivo a sua queda moral. O prazer, para aqueles irmãos vingativos, encontrava-se na tortura sofrida por Sophia, em um verdadeiro deleite, na expectativa de virem a ter, como instrumento, alguém que, depois da morte do corpo físico, viesse a responder por crimes tão cruéis.

Do lado de fora do cômodo em que Sophia dormia, também se encontrava uma legião de "amigos" invisíveis de Justino, todos muito afins a ele. Muitos daqueles desencarnados estavam há longos anos fazendo-lhe companhia, esperando o seu fim infeliz, já que era um homem de caráter fraco e perverso. Havia, entre eles, um, chamado Belchior, que possuía um ódio terrível contra aquele homem, porém, era muito astuto e já havia compreendido, através de longos anos em zona de sofrimento, que o pior seria depois da desencarnação. Ele tinha certeza de que Justino sofreria muito se continuasse agindo de maneira tão perversa. Era esse Espírito quem mais se aproximava a fim de promover-lhe pensamentos maldosos contra a menina. Também havia descoberto que aquela jovem era especial e muito honrada e, embora fosse fácil induzir Justino ao mal, não acontecia o mesmo com a menina.

Ela jamais se deixava levar pela ira. Sophia nunca se ofendia com os maus tratos sofridos e, nem por um segundo, reclamava da vida que tinha. E isso o irritava profundamente.

Naquela manhã de domingo, Sophia fez a arrumação da casa e cozinhou como sempre fazia. Preparou a mesa para o almoço e esperou que Justino voltasse para casa, mas ele não veio almoçar. Horas depois, já havia anoitecido e a pobre menina ainda não havia comido nada, esperando o homem. Ela não se atrevia a almoçar sem ele, pois temia em apanhar quando o algoz chegasse, e seu corpo, fraco e doente, fez com que ela tombasse a cabeça sobre a mesa, adormecendo, só acordando com um baque na porta da sala, fazendo com que a mesma se abrisse e fosse contra a parede, causando-lhe enorme susto.

– Sophia! – berrou Justino.

– Senhor, eu estou aqui – respondeu, trêmula, correndo para ampará-lo, já que ele quase caíra no chão da sala.

– Você é má, menina! Faz-me sofrer!

– Eu, senhor?!

E sem compreender nada, a pobrezinha se desdobrava para arrastá-lo até a cama onde ele costumava dormir. Uma cama com colchão de capim, muito limpinha e perfumada, pois os lençóis eram lavados diariamente por ela.

– Quero você, menina ingrata, e você não me entende! Eu só bebi por sua causa, maldita! Você irá se arrepender da dor que está causando em mim!

E, babando como um animal e fedendo a álcool, segurou a pobre menina pelos braços e a derrubou no chão, fazendo com que ela batesse a cabeça em uma mesa, desmaiando.

Junto a Sophia, estavam dois mensageiros de Deus que a protegiam das investidas cruéis do seu verdugo, embriagado, ainda induzido por comparsas invisíveis a causar sofrimento àquela imaculada serva de Deus.

"Justino, meu irmão, não faça isso ou o seu sofrimento será bem maior". Com as mãos sobre a fronte dele, Laurinda e Francisco ministravam passes magnéticos, fazendo-o sentir grande sonolência e largar Sophia de seus braços, ainda desacordada. Eles sabiam que seria muito difícil fazer Justino desistir de seu intento. Aquela jovem tinha como missão tocar o coração de todos que tivessem contato com ela, sendo a sua vida naquela cidade como a chegada de uma semente em terra pouco fértil, e o sofrimento que estaria por vir iria despertar muitos, ali em Pinheiro Machado, e, para a doce Sophia, um resgate de um passado longínquo. Foi ela mesma que pediu tão dura prova, pois amava os filhos de Deus com um amor que ainda era difícil compreender.

A surpresa

– Dona Melca! Preciso de ajuda! – falava Sophia, esbaforida, em frente à estalagem.

– Ah, que felicidade em revê-la! O que foi, minha pobre criança?! – perguntei-lhe, beijando sua pele alva.

– Eu também estou feliz, dona Melca, mas agora, necessito de ajuda. O senhor Justino está passando mal – relatava, tão rápido, que mal dava para compreender. – Penso que ele tomou algo para morrer e está espumando. Por favor, dona Melca, não deixe aquele pobre homem morrer!

– Minha filha, deixe o infeliz morrer, pois assim ficará livre do jugo daquele traste.

– Não, dona Melca! Sei que fala da boca para fora, seu coração é cristão e não iria permitir que um irmão tivesse um fim tão infeliz! – argumentou Sophia, com as lágrimas brotando de seus olhos.

Senti vontade de dizer que não podia ir, por causa de meu marido, mas não tive coragem de negar-lhe ajuda.

– Meu Deus, o que estou fazendo?! – pensei, assustada, fechando a estalagem e indo com a menina até a casa de Justino, chamando, no caminho, pelo doutor João, o médico amigo de todos.

No caminho, Sophia foi dizendo que ele havia tomado um chá feito com ervas que ela não sabia o nome, mas que ainda haviam ficado algumas folhas sobre a mesa. E logo chegamos à casa de Justino. Doutor João, o amigo, já velho, estava tão cansado de andar, que respirava muito alto. Algumas vezes, eu achava que ele estava doente, mas não dizia nada a ninguém.

– Sophia, onde estão as folhas para eu ver? – perguntei-lhe, já indo em direção à cozinha. – Doutor João, o senhor sabe que erva é esta?!

– Não! Mas, afinal, que diabos é isso? O cheiro é forte demais!

As ervas estavam esmagadas em uma cumbuca de madeira ao lado de um pilão velho, e não dava para identificar o tipo, apenas o cheiro forte, que parecia ter sido misturada com fumo.

– Por favor, dona Melca – pediu-me com delicadeza –, traga-me água morna. Farei esse infeliz beber, para ver se vomita tudo o que tem aí dentro desse estômago.

Sophia orava a Deus para que Justino ficasse bem e eu não conseguia entender aquela criança. Para falar a verdade, no fundo de minha alma, desejava vê-la livre daquele algoz, pois era assim que eu o via.

Alguns minutos depois, Justino começou a colocar para fora uma gosma verde-amarela, fétida como um bicho morto. Ficamos impressionados com a quantidade de porcaria que saiu do estômago daquele infeliz. Passando a mão sobre a fronte dele, prostrada aos pés da cama, Sophia implorava a Deus para que ele tivesse tempo na Terra para redimir-se de seus erros.

– Sophia, minha criança – perguntei-lhe, abismada, olhando-a nos olhos –, o que quer dizer com ter tempo para redimir-se?!

– Dona Melca, bem sei da sua generosidade, mas também aprendi com minha mãe, que nem todos os homens são bons ainda de coração, então, creio que o senhor Justino necessita de mais tempo para pedir perdão às pessoas a quem possa ter causado algum mal.

– Creio que a menina tenha razão, Melca – disse o doutor João. – Eu mesmo já fui destratado, inúmeras vezes, por esse infeliz, mas a bem da verdade, não me importei muito, pois sempre o vi como um atormentado da alma. E, assim como eu, muitas outras pessoas devem ter sido maltratadas por ele e tenho certeza de que uma grande parte ainda não o perdoou.

– É, dona Melca, se ele morrer nessa condição, com tanto inimigo que possui, irá sofrer nas portas do inferno, como dizia minha mãe. E isso eu não desejo para ninguém, quanto mais para o senhor Justino que, desde que a minha mãezinha se foi, é quem me alimenta e me dá abrigo. Por isso, lhe sou muito grata.

– Meu Deus! Como pode ser assim?!

No dia seguinte, o doutor João veio me trazer a notícia de que Justino estava se recuperando bem. Sophia havia passado a noite em claro, colocando compressas na fronte dele para amenizar a febre alta. Fiquei aliviada, porque sabia que ela se sentira melhor com a recuperação dele e, para mim, era suficiente aquele coração puro não sofrer.

Eu me sentia muito feliz por ter estado com ela, mesmo que tenha sido em situação tão dolorosa; minha alma se felicitava, era um sonho, sentia calma e conforto, como se eu fosse a criança e ela, o adulto. Eu mesma seria incapaz de imaginar como uma criança de quase doze anos de idade poderia saber tanto sobre a vida e, principalmente, ter palavras firmes e consoladoras, que tinham o poder de tocar os corações endurecidos. O doutor João, certa feita, me disse que ela era uma mulher forte e determinada, em corpo infantil. Todas as noites, eu orava a Deus para protegê-la, pois temia pela sua vida em casa de Justino. Aquele homem tinha desejos carnais atormentados e fortes por ela, mas nada eu podia fazer a não ser orar.

Novamente, na casa de Justino...

– Senhor Justino, bom dia! – Sophia o saudou, feliz por vê-lo desperto. – Penso que está melhor e desejo que se recupere cada vez mais rápido. Trarei um café reforçado para o senhor.

– Cale a boca, menina infeliz! Não vê que se passei mal foi por sua ruindade?!

– Mas... Eu não entendo! O que fiz para desagradá-lo?!

– Amanhã você fará doze anos e eu tenho uma proposta para lhe fazer no seu aniversário. Se a resposta for boa para mim, sua vida irá mudar, mas se não for do meu agrado, a sua amiga Melca sofrerá em seu lugar. Aquela velha infeliz sabe que o marido não gosta que ela saia da estalagem para vadiar, e eu sei que ela esteve em minha casa e me ajudou, por isso, creio que o maldito Airton não gostará nada de saber das novidades na ausência dele!

– Mas, senhor Justino, a dona Melca e o doutor João vieram aqui a meu pedido, para salvar a vida do senhor. Como pode achar essa senhora ruim e desejar fazer mal a ela?!

– Cale-se, maldita! Estou farto de lhe amparar e não ter nada em troca, você sabe que eu a quero, mas vejo que é tão ingrata quanto a sua mãe!

– Senhor, sou apenas uma criança, como pode me querer?!

– Você já tem idade suficiente para ser mulher, ou quer ficar "passada"?!

A pobre Sophia sentia-se ameaçada por Justino, mas temia que Airton me causasse mal, expulsando-me de casa, com uma mão na frente e outra atrás.

No dia seguinte, Sophia veio até a minha estalagem. Vi a tristeza no olhar dela.

– Bom dia, dona Melca – cumprimentou-me, tristemente.

– Bom dia, meu anjinho, em que posso lhe ser útil, minha criança?

– Dona Melca, desde que a minha mãe partiu, a senhora é a minha alegria e eu a tenho como mãe querida. E é por isso que estou aqui hoje, para lhe pedir que não vá mais à casa do senhor Justino. Ele é um homem rude e não sabe tratar com atenção uma pessoa, e a senhora ficaria muito triste se ele a maltratasse.

– Sophia, querida, por que está me dizendo isso? Aconteceu algo naquela casa, aquele homem mau a molestou por minha causa?! Se for isso, chamo a polícia, agora!

– Não! Por favor, dona Melca, não faça isso! – implorou-me Sophia, segurando as minhas mãos. – É que o senhor Justino não gosta que vá alguém lá na casa dele. Para falar a verdade, eu também não gosto, pois tenho receio de que ele as destrate; a senhora sabe que ele possui um jeito rude, e eu peço a Deus para que modifique o seu pensar. Espero que compreenda o meu pedido e não fique triste. Sei me cuidar e nunca estou só, porque sinto que minha mãe me protege. Bem, agora tenho que ir, mas fique sabendo que eu virei sempre que possível para vê-la. Eu a amo muito.

Sophia me abraçou tão forte, que as minhas lágrimas brotaram. Eu sabia que havia algo de errado, mas nada podia fazer. Temia que, se eu fizesse algo por ela, Justino poderia se vingar, prejudicando a pobrezinha. E o tempo passou. Em Pinheiro Machado, o tempo voava. Sentia muita saudade dela e era muito difícil ir vê-la, mesmo que às escondidas. Airton já não viajava tanto quanto antes, pois sua perna estava cada vez pior. Muitas vezes, pedi a Bento para olhar a menina, mesmo que de longe, e ele me dizia que estava tudo bem, e eu acreditava. Muito tempo depois, fiquei sabendo que Justino o colocara para correr, usando uma faca, ameaçando matá-lo se o visse por perto novamente. E o rapaz nunca mais apareceu perto da casa dele. Bento sentia pena de mim e resolveu, então, e não achou outro modo de aliviar a minha tristeza, ocultar tudo o que acontecia, criando histórias, a fim de aliviar o meu coração. E, praticamente, fiquei quase um ano sem falar com aquele anjo.

A DESCONFIANÇA

– Justino, o que pensa que está fazendo?! – perguntou Alcinda, estranhando a proposta do homem.

– Não é da sua conta! Quer comprar, ou não, a minha casa?!

– Justino, para onde pretende ir?! Ou melhor, o que está aprontando agora?! E Sophia irá com você? – perguntou ainda a mulher, em tom severo.

– Isso não lhe interessa! Quer ou não quer?!

Alcinda era uma mulher gananciosa, que só visava dinheiro rápido, fácil, e todos sabiam que tudo o que ela possuía havia adquirido de forma ilícita. Tinha casas de aluguel e sítios fora da cidade. Viúva, havia mais de cinco anos, trazia homens de todos os níveis para dentro de sua casa no calar da noite. Justino era um desses.

– Não gosto dessa guria que você tem como mulher! E a mãe dela? Foi embora mesmo ou você deu sumiço nela?! – inquiriu Alcinda, desconfiada, com tom de ameaça.

– Cale a sua boca, maldita, ou eu a fecho para sempre! Aquela infeliz deixou a menina e se mandou.

– Hum! Conheço muito bem você e acho muito estranho esse desaparecimento! – falou baixinho, com medo da reação de Justino. – Não acredito que ela não tenha voltado para buscar a filha! O que vão pensar as pessoas quando você sumir de uma hora para outra com aquela lerda?!

– A vida é minha e não devo explicações a ninguém! Vou perguntar pela última vez – esbravejou o homem, com a intenção de ir embora –: Quer ou não a maldita casa?!

– Quero sim! – exclamou Alcinda, irritada. – Hoje mesmo irei pegar o dinheiro que guardo em lugar seguro e irei até sua casa, à noitinha. Vou comprar sua casa, mas você pode continuar morando nela, desde que me pague algum aluguel.

– Não! – discordou Justino. – Eu virei até aqui para fecharmos negócio. Nem pense em ir lá!

– Está certo – concordou Alcinda.

Alcinda já havia sido furtada várias vezes dentro de sua casa, sendo que, numa dessas ocasiões, levou uma surra que quase foi a óbito. Algumas pessoas comentavam que quem bateu nela foi o Justino, para ficar com o dinheiro da pobre criatura, mas nada foi provado. E ele continuava frequentando a casa dela, mesmo depois de Sophia ter chegado à cidade. Muita gente detestava a menina, chegando mesmo a falar que ela era uma devassa. Mentes invigilantes até se deleitavam com a maledicência: "uma menina tão jovem viver com um homem como Justino, só pode ser do mesmo naipe". Outros diziam que ela queria o dinheiro dele, mas que dinheiro? Aquele infeliz só comia porque era ela que plantava e colhia boa parte do que era feito em casa para alimentação. Mas existiam muitos, de coração honrado, que viam Sophia com doçura, incapaz de praticar maldade, até dizendo que gostariam muito de ser como ela e tentando ver o cônjuge e os filhos do modo como ela via Justino, ou seja, com compaixão, ensinando que quem amasse a Deus deveria entender os Seus filhos, que eram doentes da alma. Muitas pessoas conversavam com ela, quando ia à feira, e mulheres sofridas saíam fortificadas dessas conversas. A verdade era que Alcinda gostava de Justino e tinha raiva de Sophia, por ela morar com ele. O que ela não sabia era que a pobre criança sofria mais que qualquer um ali em Pinheiro Machado.

O doutor João, por sua vez, não estava bem de saúde, afinal, o bom homem já contava com seus oitenta e oito anos de idade e tinha uma vida muito corrida, trabalhando no consultório, que era em sua própria casa, e ainda atendendo, sem nada cobrar, as pessoas pobres que vinham pedir ajuda, muitas vezes à beira da morte, altas horas da noite.

– Pedro, meu rapaz, peço-lhe encarecidamente que chame dona Melca – solicitou, com voz fraca, ao moço.

Pedro, um rapaz muito educado e de excelente índole, havia sido criado pelo doutor João, por quem tinha muita estima.

O doutor João nunca se casara e ninguém entendia o porquê. Alguns maldosos cochichavam tolices quanto à sua sexualidade, outros diziam que ele tinha uma amante em outra cidade e que deveria ser casada. Mas a verdade, ninguém sabia.

– E se o seu Airton estiver em casa? – argumentou Pedro, receoso.

– Ora, meu bom rapaz, só há um jeito de não ser visto por ele...

– Qual?!

– Ore muito a Deus para que o mal não o veja!

E assim fez o rapaz, orando até chegar à casa e, para a felicidade de todos, Airton estava dormindo.

– Dona Melca, bom dia.

– Bom dia, Pedro. O que deseja hoje? – perguntei-lhe.

– Eu estou aqui a pedido do doutor João. Ele não está nada bem de saúde e pede para a senhora ir vê-lo. Estou muito preocupado com ele, pois passou a noite toda acordado, tossindo muito, e penso até que sangrava e me ocultava os panos sujos.

– Meu filho, vá à frente que logo chegarei. Primeiro, tenho que despistar Airton para não ter problemas depois. Mas ande logo, que já estou indo.

Fui até o meu quarto e constatei que Airton estava dormindo e, como eu o conhecia bem, tinha certeza de que não iria acordar logo. Tranquei tudo e fui até a casa do doutor João.

– Bom dia, meu velho amigo, que notícia é essa sobre a sua saúde? E o que posso fazer para ajudá-lo? Ou melhor, como posso lhe ser útil?

– Melca, minha grande amiga, sei que não viverei muito, já está chegando a minha hora...

– Não fale isso, por favor, doutor João! – respondi, segurando-lhe as mãos.

– Escute, por favor, não tenho muito tempo. Mal consigo respirar, estou fraco e muito cansado. Porém, preciso lhe contar algo – balbuciou, pedindo a Pedro que nos deixasse a sós.

– Estou ouvindo, amigo, pode falar.

– Lembra-se do dia em que veio me chamar

para ajudar Justino, que estava morrendo? – perguntou-me o doutor, entre tosses e a respiração ofegante.

– Como poderia me esquecer? Foi quando revi a minha Sophia, aquele anjo de amor.

– Pois é exatamente sobre isso que eu preciso lhe falar. Todas as noites, quando durmo, sonho com ela, esse anjo de amor de quem a senhora fala. Naquele dia, ela falou coisas que tocaram meu coração e, desde então, não consegui viver outra vida, a não ser tentar me espelhar naquela jovem. Senti o amor verdadeiro brotar de seus lábios e, desde que fiquei doente, sonho com ela, sentada ao meu lado, conversando, como se nós já fossemos amigos de muito tempo. Esta madrugada mesmo, ela me veio em sonho e disse para que eu não ficasse triste, pois o melhor estaria por vir. E eu lhe perguntei como, se eu mesmo sabia que estava morrendo. Então, ela fitou-me carinhosamente e, colocando as suas mãos sobre as minhas, disse-me: "– Ora, amigo, esqueceu-se de que vivemos muitas vidas e que esta é mais uma em aprendizado? Deve se orgulhar por ter feito tudo como foi planejado antes de vir para cá. Eu mesma sou feliz de tê-lo como amigo. João, querido, está chegando a hora de voltar para casa, encontrar aqueles que lhe são caros e poderá continuar me ajudando como sempre fez aqui".

– Que lindo, doutor João!

– Ela estava encantada com a ideia de se ter muitas vidas, e eu sentia um alívio em poder consertar os meus erros de outras vidas. E tem mais, dona Melca: eu vejo todos os dias aquela pobre menina e sei o quanto sofre junto a Justino, mas tudo o que ela me pede é que não me preocupe, pois em breve tudo irá passar. Ainda acrescenta que o sofrimento é uma bênção em nossas vidas.

– Como assim?! O senhor vê a minha Sophia?! Onde?! Como?!

– Penso, dona Melca, que apesar de não entender como isso acontece, encontro-me com ela quando durmo. Sei que parece loucura, mas é verdade. E é exatamente por isso que pedi a Pedro para ir buscar a senhora. Gostaria de ver Sophia antes de partir, e não posso enviar o Pedro, pois ele morre de medo do Justino.

– Eu irei agora mesmo, nem que isso me custe a vida. Tenho saudades dela e há muito o Bento me traz as mesmas notícias; estou desconfiada de que ele não saiba nada sobre ela e fica mentindo para não me preocupar. Pois bem, fique aí, que logo estarei de volta.

A CONFISSÃO

Meus olhos não podiam acreditar no que eu via. Debruçada em uma bacia, lavando roupas, estava a minha pobre menina, grávida, os cabelos maltratados, as mãos trêmulas, pálida como o algodão. Fiquei temporariamente paralisada, e a dor em meu coração era tão forte, que pensei que fosse morrer antes do doutor João. Vi quando ela se levantou para estender a roupa e notei que estava com muitos hematomas nos braços, a roupa em farrapos. Com dificuldade para andar, foi até o varal, estendendo cada peça. Chamei-a baixinho e ela me olhou, sem acreditar que eu estava ali.

– Por Deus, dona Melca, a senhora não pode vir aqui. Vá embora, por favor, ele está aí dentro! – suplicou, olhando para a porta dos fundos.

– Não sairei daqui sem você! O doutor João está muito mal de saúde e quer lhe falar – disse-lhe, dando alguns passos e ela vindo ao meu encontro. – Chamarei a polícia para esse maldito!

– Não, dona Melca, por favor, eu sei que a minha aparência não está boa, mas fui eu mesma quem me machuquei. Caí lavando a casa; eu sou uma desastrada.

– Minha filha, esse maldito a engravidou. O que foi que ele fez?! Meu Deus! Como pôde deixar isso acontecer com ela, Senhor? – perguntei, erguendo as mãos para o céu. – Ela é boa, como pôde abandoná-la?!

– Não, dona Melca, Deus é justo, ele não me abandonou e jamais irá nos deixar sem Sua proteção. Fui eu que quis entregar-me ao senhor Justino.

– Como, minha filha, você pode dizer uma besteira dessas, pensa que sou tola? Então, não percebo que o chama ainda de senhor Justino? Ele a ameaça, eu sei disso! Diga-me, criança, como ele a ameaçou? Acaso sua mãe veio buscá-la e ele disse que faria algum mal a ela se você não fizesse o que ele queria?! Por favor, Sophia, diga-me, só pode ser isso, você está sendo ameaçada!

– Não, dona Melca, a minha mãe ainda não voltou, e penso que não voltará mais. Sonho com ela todos os dias e ela me diz que olha por mim.

– Olha por você?! Como assim?! Como olha por você, minha pequena, se está doente, trabalhando como um burro de carga e, ainda o que é pior, grávida de um vadio? Tenho que levá-la daqui.

Nesse momento, Justino chamou-a aos berros e percebi que ela estremeceu. Eu não aguentei aquilo e chorei copiosamente, abraçando-a.

– Por Deus, dona Melca, vá embora, não quero que ele a veja, pois temo por sua vida e a do doutor João. Prometo que, à noite, assim que ele dormir, eu irei à casa dele e conversarei melhor, mas por enquanto, vá. Eu lhe suplico!

Não podia deixar de atender ao apelo daquele anjo sofredor, mas havia entendido tudo. Justino deve tê-la convencido, prometendo que não faria nenhum mal a mim e ao doutor João. Eu sentia algo em minha alma que ainda hoje não conseguiria descrever. Tudo o que posso falar é que alguma coisa nela era sublime e acalmava o meu ser, mesmo estando tão maltratada.

A noite caiu e logo Sophia iria ao nosso encontro. Eu já tinha voltado para a minha casa, sabendo que Airton poderia estar acordado e a situação seria mais grave. Tinha que fazer tudo certo para poder voltar à casa do doutor João, à noitinha. Teria que rezar muito a Deus para me mostrar a solução de como sair de casa, mais uma vez, sem ser notada pelo meu marido.

– Melca! – esbravejou Airton, do quarto. – Traga-me uma calça. Tenho que ir fazer uma cobrança.

Não lhe perguntei nada. Fui até o quarto, entreguei-lhe a calça e fui saindo.

– Não vai perguntar nada, mulher curiosa?!

– Não, Airton. Sei que está com dor e, se vai sair, deve ser por necessidade.

– Hum! Está certo. Acho que demorarei um pouco. E tranque tudo, pois não quero chegar de volta e achar a casa limpa, porque foi salteada por bandoleiros. Sei que você é uma destrambelhada. Feche tudo assim que eu sair.

– Não se preocupe, Airton. Vá com Deus.

Olhei para os lados de nossa casa para ter a certeza de que Airton não estava por perto. A rua estava escura, ou melhor, pouco iluminada, o que facilitava a minha fuga. Eu suava frio. Queria saber o motivo de o doutor João querer falar com Sophia e fiquei pensando se ele já não sabia sobre a situação dela.

Em casa de Justino, Espíritos de luz ali se encontravam, a fim de favorecer a saída de Sophia para a casa do doutor João. Ministravam doses fluídicas, magnetizando Justino, fazendo com que ele caísse em sono profundo.

"Sophia, minha querida – uma voz acalentava a meiga menina sem que ela se desse conta –,vá em paz, mas lembre-se de que estamos sempre com você e que, em breve, tudo vai passar. Suporte com fé sem jamais se esquecer de que Deus só nos dá o que podemos suportar. Eu a amo, filha querida, e não se desespere. Ore a Deus e vá ter com nossos amigos João e Melca".

Naquele momento, uma força renascia dentro dela. Retirou, de uma caixa, um vestidinho velho, de cor branca, muito limpo e perfumado e, banhando-se rapidamente, o vestiu, não sem antes abraçá-lo carinhosamente. Colocou por cima um coletezinho acinzentado, com botões, imitando madrepérolas e, para finalizar, um xalezinho, bordado à mão com muito esmero.

Antes de sair, verificou se Justino estava realmente dormindo e pediu, em oração, ao lado dele, que Deus o protegesse.

Pelo caminho, Sophia se esquivava dos homens que se aproximavam dela. Uns ainda a olhavam com maldade, outros, desconfiados. Ela escondia a barriga para que ninguém soubesse que estava grávida, pois temia as fofocas. Avistou uma mulher do outro lado da rua e percebeu que era Alcinda, que conhecera porque a vira muitas vezes na casa de Justino. Algumas vezes, eles se trancavam no quarto, saindo horas depois, quando as risadas eram de arrepiar, mas nada dizia, sem nem desconfiar de que Justino recebia Alcinda em casa, na esperança de causar ciúmes a ela. Aquele pobre infeliz nem imaginava que um anjo como aquele só amaria a Deus e aos Seus filhos de modo fraterno. Ele não estava ainda ao alcance desse entendimento. Sophia, então, cobriu o rosto com o pequeno xale, virando-se sutilmente para não ser vista por Alcinda, temendo que o plano dela pudesse ir por água abaixo.

– Ei, menina! Espere aí! – gritou Alcinda.

Sophia aumentou os passos e um homem, que vinha em direção oposta, chamou Alcinda pelo nome, desviando a atenção dela.

– Doutor João! Abra, sou eu, Sophia!

E em poucos segundos, a porta foi aberta.

– Boa noite, Pedro, tudo bem? – cumprimentou, cabisbaixa e delicadamente.

– Boa noite, Sophia – Pedro respondeu, disfarçando o olhar que ia em direção à barriga da menina. – O doutor João está no aposento dele e dona Melca também. Estão aguardando a sua chegada.

– Obrigada, Pedro.

– Sophia, minha querida! – cumprimentou o doutor João, sorrindo e feliz, olhando para ela.

– Boa noite, doutor João, boa noite, dona Melca – cumprimentou Sophia, docemente.

Era eu quem mais tremia ali. Abracei-a e chorei. Queria levá-la para minha casa naquele exato momento, mas sabia que não seria possível. A vida tinha tomado um rumo que eu não pude evitar.

– Sente-se, minha menina – pediu o doutor João. – Preciso lhe pedir um grande e último favor. Apenas me escute e não diga nada. Sei que está chegando a minha hora, sinto-me fraco e não aguento mais viver com tanta culpa.

– Culpa?! O senhor é um homem bom...

– Por favor, Sophia, escute-me apenas.

E olhando para Pedro, pediu que ele se sentasse também e disse:

– Quero me confessar.

– Se quiser, chamarei um padre, mas penso ser desnecessário, pois tenho à minha frente um homem generoso e honrado – exclamou Sophia.

– Não, minha filha. Há muito sinto culpa pelo

meu passado e já não posso conviver com ele. Agora que estou morrendo, preciso que me escute. Sei o que é ser um homem aprisionado aos desejos carnais, sei que o sofrimento que esses pobres homens carregam os leva, muitas vezes, a olvidar de Deus. Há tempos, me apaixonei por uma jovem de seus treze anos de idade, que era filha de uma amiga fiel que cuidava de minha casa. Sentia vergonha do meu sentimento, mas o desejo pela jovem era muito maior que o meu respeito por Adelaide, sua mãe. De tudo fiz para arrancar esse sentimento infame de mim e, sem êxito, acabei por me entregar a essa paixão. Digo paixão, porque a jovem correspondia aos meus anseios. Algum tempo depois, Adelaide me procurou, dizendo que teria que ir embora. Levantei-me da mesa, onde fazia a minha refeição, e perguntei com angústia o porquê de ela querer sair de minha casa. A mulher abaixou a cabeça, pois era muito honrada e me disse que não poderia falar, pois sentia vergonha e, pedindo-me que não perguntasse mais nada, se retirou. Então, fui falar com Carmem, era esse o nome da jovem por quem eu me apaixonara, tomando conhecimento de sua gravidez. Carmem não contou para a mãe quem era o pai de seu filho e prometeu jamais contar. Fiquei desesperado, mas minha covardia não me deixou agir com dignidade, procurando Adelaide para lhe contar que eu era o pai da criança e que pretendia assumir a minha responsabilidade. Tinha vergonha de ser malvisto pelos meus clientes, afinal, Carmem só tinha treze anos de idade, e permiti, sem delongas, que elas partissem. Porém, numa manhã, quando abri meu consultório, percebi que havia um cestinho com roupas e, verificando o seu conteúdo, tomei um susto tão grande, que me paralisou os sentidos. Debaixo de um lençol estava um bebê recém-nascido, um menino, e amarrado em seu pulso, um bilhete escrito à mão num papel manchado de sangue. Nele, as palavras eram como um ferro em brasa entrando em meu coração. "Doutor João, no leito de morte, minha filha confessou-me o seu crime. Ela era apenas uma criança. Como pôde ser tão cruel e covarde, abandonando aquela que tinha lhe servido apenas para saciar o seu prazer?! Não desejo viver com essa lembrança. Não quero o seu filho, apesar de amar essa criança por ser filho de minha amada Carmem, mas sei que me lembraria de sua covardia sempre que o olhasse e, temendo fazer esse anjo sofrer, entrego-o aos seus cuidados, na esperança de que a sua culpa possa, no mínimo, retratar o mal que causou a esta amiga que lhe foi fiel durante anos de sua vida, e à jovem que você desgraçou. Adelaide".

Fiquei chocada com o que acabara de ouvir, mas nada disse. O doutor João emudeceu, olhando para Sophia.

– Sinto por sua dor, mas sei que Deus entenderá que foi a sua imaturidade que o fez praticar impensada ação.

– Não, Sophia, foi algo maior que imaturidade, foi covardia.

– Deus conhece os Seus filhos e não espera o melhor de nós. Somos Sua criação e, como a minha mãezinha dizia para mim, "Deus sabe que somos imperfeitos e não espera perfeição de nós, minha filhinha!". Hoje, eu entendo melhor essas palavras, e tudo faço para não desagradar Aquele que me criou. Sei, doutor João, que o seu filho deve ter tido uma vida melhor. Penso que deva tê-lo amparado. Sabe notícias dele?

O pobre homem, segurando as mãos pálidas de Sophia, olhou com ternura para o jovem que estava sentado ao seu lado, e que, imediatamente, compreendeu a verdade naquele olhar.

– Eu?! Eu sou seu filho?! Meu Deus! Por que nunca me contou nada? Sabe o quanto admiro a sua conduta. E sabe que orava às noites para que Deus me ensinasse a ser igual ao senhor?

– Perdoe-me. Tinha receio de que você fosse embora, sem me aceitar, e não podia correr esse risco. Eu o amei desde o primeiro olhar que me deu. A minha culpa me calava, pois sou sórdido e egoísta. Não precisa me perdoar, meu filho! Ó meu Deus! Quanto sonhei com o dia de poder chamá-lo de filho! Eu o amo e não espero o seu perdão, sei que o que fiz não tem perdão...

Acenando a mão direita na tentativa de fazer o médico silenciar, Pedro o abraçou e o chamou de pai. Eu ia sair do aposento junto com Sophia, mas o doutor João nos impediu.

– Não, por favor, fiquem. Preciso que ore a Deus, Sophia, para que Ele me perdoe. Sinto medo das trevas, tenho sonhado todos os dias com você e algo me diz que a sua bondade pode me ajudar depois da morte.

– Meu bom amigo! Que poder tenho eu, sendo uma pecadora? Não sabe as dores que tenho em minha alma? Pensa que sou um anjo, mas sou uma enferma, sinto vergonha de minha vida e das minhas ações, e o senhor se acha covarde, mas teve a coragem para criar, educar e, acima de tudo, amar o filho de sua carne. Temo em não ter a mesma coragem que o senhor. Espero um filho do senhor Justino; sofro e oro todos os dias a Deus, para que me perdoe, pois não tive coragem de me libertar e, por covardia, entreguei-me a ele, como um cordeiro que é sacrificado para apaziguar a ira de um deus primitivo. Não vejo nisso nenhum ato de coragem, covardia, sim. Então, meu bom homem, como pode confessar seus segredos mais íntimos a uma pessoa covarde como eu?!

– Não, menina! Você é muito jovem e Deus entende o que faz, mas eu já tinha maturidade para evitar o mal e não o fiz. Eu lhe imploro, Sophia, reze por minha alma indigna.

– Nada tema, doutor João, Deus é misericordioso e justo, e saberá compreender as nossas fraquezas e não nos deixará sofrer. Sei que os anjos dele virão libertá-lo desse corpo frágil, e sua força ressurgirá renovando-lhe os pensamentos e amparando aqueles que acredita ter feito sofrer. Deus nos ama como filhos diletos. Eu sinto isso dentro de mim. Esse amor de Deus me renova cada dia e penso que deva também confiar em nosso Pai Celestial.

– Meu filho, perdoe-me – rogou o velho, olhando para Pedro, com as lágrimas rolando sobre o rosto. – Nunca amei você por culpa, mas por amor de verdade e tenho orgulho em ser seu pai, pois é um homem digno e temente a Deus. Tenho sofrido muito e preciso me libertar desse mal. Não sei se Adelaide está viva, mas sei para onde ela pode ter ido. Escrevi o endereço e o coloquei dentro de minha bíblia. Procure-a e, se achar essa mulher maravilhosa, diga-lhe que eu sofri cada dia de minha vida por não ter ficado com elas. Diga-lhe também o quanto me fizeram falta, e que a minha culpa foi o meu tormento, enquanto vivi.

– Pai, eu sempre o amei, mesmo sem saber que o senhor era o meu pai. Não tenho nada para lhe perdoar, mas sim, devo lhe agradecer por me amar.

A tosse tomou conta do doutor João e, em minutos, o pobre homem despediu-se da vida carnal. Sophia ajoelhou-se próximo a ele e, com voz serena, cantou um hino que, para mim, era desconhecido. Penso que foi criado por ela naquele momento, tendo a inspiração de algum anjo de amor, já que as palavras refletiam a sua tristeza.

– Ouçam os violinos dos anjos tocando, felizes, com a chegada dos mensageiros do Senhor que vieram buscar nosso amigo João!

E, olhando para o nada, ela parecia ouvir, verdadeiramente, algo celestial, dizendo:

– Cantarei para o doutor João:

"Em seu quarto um portal se abriu, uma luz surgiu para o receber.

Há muito havia deixado seus entes amados para vir aprender.

Hoje, retorna à casa, nos braços sem asas dos anjos de Deus.

Bom Deus, me permita amar mais, mesmo sem ter quem me ame aqui na Terra e que eu possa perdoar os que me parecem não merecer.

Anjo de amor e luz, segura firme a mão desse irmão para que ele não se perca na indecisão de ser ou não amparado.

Resgata esse servo do Senhor, que tanto nos ensinou e a muitos curou, livrando-os da dor.

Amigo leal, homem nobre de olhar fraternal, ouça o soar das trombetas celestiais, felizes com a sua chegada e não se esqueça de favorecer a nós, pobres imortais, com seu apelo ao nosso Pai, para que esse portal seja aberto quando for a nossa hora.

Nós o amamos, amigo de fé, filho amado de Deus Pai, irmão de nosso mestre Jesus.

Feche os olhos e sinta a misericórdia Divina a alcançá-lo.

Ó Senhor! Agradeço-Lhe por esse amor!"

Eu e Pedro sentíamos um ar diferente no ambiente, que parecia haver sido purificado. Da janela do quarto, um vento suave agitou o lençol que cobria o nosso amigo querido e, como uma mãe faz com seu filho no meio da madrugada, João foi recoberto novamente. Eu mesma senti um arrepio tão bom, que fechei os olhos e contraí os ombros, caindo de joelhos e agradecendo a Deus por tamanha paz que se fazia presente, depois do canto de Sophia. Ela permanecia em prece, como se estivesse em estado de êxtase. Nunca vi, enquanto vivi na Terra, algo igual. Aquela jovem querida só podia ser um anjo de Deus. E vi, por uma fração de segundos, uma luz em volta dela, parecendo uma mão tocando os seus ombros, erguidos de maneira magistral. As lágrimas caíam dos olhos de Pedro, que também se prostrou no chão, em prece. Nunca imaginei que uma morte pudesse ser tão bonita, porém, acabava de ser testemunha ocular da mais bela passagem para a verdadeira vida.

Levantando-se com ternura, Sophia fitou-me e disse:

– Dona Melca, gostaria muito de ficar, mas penso não ser possível. O senhor Justino pode acordar a qualquer minuto e, se não me encontrar em casa, poderá vir até aqui, causando dor maior em nossos corações. Sei que a senhora e Pedro entenderão essa minha preocupação.

– Vá com Deus, minha menina – respondi-lhe, depois de tirar os joelhos do chão. Eu estava extasiada.

– Dona Melca, não se preocupe, eu cuidarei de meu pai, com muito orgulho. Estou em paz e saberei cuidar do velório. Sei onde guarda o dinheiro e tudo ficará bem. Avisarei a todos que puder e logo ele será sepultado com a mesma paz que acabamos de presenciar aqui. Vá, antes que o seu Airton também acorde.

Não podia deixar de me preocupar com Sophia, pois temia pela sua vida, depois de ouvir a história da jovem de treze anos que havia falecido no parto. Sabia que Justino não deixaria ninguém se aproximar dela, e as pessoas da cidade, boa parte, pelo menos, eram indiferentes à sua dor. Sei que algumas não gostavam dela e a achavam uma oportunista. Puro engano, quanto a ser oportunista. Era uma prisioneira, isso sim, e eu, uma covarde. Temia tanto o Airton, que era incapaz de me libertar, em favor dela. Eu sabia muito bem o que o meu amigo João sentia quando falava de culpa, pois sentia o mesmo, só que nada fazia para consertar o meu erro. Fiquei pensando se também só me libertaria desse sentimento em meu leito de morte, e fui tomada por um arrepio de muita negatividade.

E O TEMPO PASSA

Os meses haviam passado e eu sentia muita saudade do doutor João, meu grande amigo e benfeitor. Lembrava-me das vezes em que me atendeu sem jamais cobrar um único centavo, e foram inúmeras. Tenho certeza de que ele sabia que, apesar de morar em uma estalagem deixada por minha mãe, nada ali me pertencia, afinal, ele conhecia muito bem a minha vida, mesmo sem jamais me perguntar, pois era extremamente discreto. Airton nunca me deu um centavo. Até mesmo quando eu ia à feira, ele fazia os cálculos de quanto eu iria gastar, e me dava sempre a menos. "Tome, mulher, este dinheiro, e não dê esmola para vagabundo, deixando a nossa casa sem alimento!", avisava ele, e eu balançava a cabeça, como uma lagartixa. O dinheiro mal dava para comprar as coisas, e ai de mim se não trouxesse tudo. E o pobre infeliz era tão orgulhoso, que se soubesse que eu deixava para ir no final da feira, na esperança de pegar algum legume ou verdura do chão, que estavam em bom estado, mas que iriam para o lixo quando a feira acabasse, ele morreria ou me mataria.

Pensei em procurar por Sophia, mas Airton estava sempre por perto, e eu sentia pavor dele cada vez mais. Com a idade avançada, ficara cada vez mais agressivo. Um dia, chegou à estalagem um homem muito doente e eu fui ampará-lo, colocando-o sentado em um banco e indo buscar água para o infeliz. Airton, então, avançou contra mim, parecendo um animal feroz, deu um tabefe em minhas mãos, derrubando a água, escorraçou o pobrezinho a pontapés e depois me esbofeteou na frente de Bento. Chorei tanto, parecendo uma criança, pois deveria estar aquele homem possuído por algum ser maligno. Muitos outros acontecimentos infelizes faziam parte de minha vida com Airton. Ele não sentia nada por ninguém, era frio, e sempre dizia "sinto-me melhor agora", sua frase dileta depois que praticava algo ruim. E eu temia pela minha vida.

Meu Deus, como eu sentia falta de Sophia! Por duas vezes me aproximei da casa de Justino para vê-la, mas temia que o homem me visse e fosse falar com Airton. Eu tinha certeza de que o infeliz poderia não só me bater, como prejudicar a pobrezinha.

Numa tarde de domingo, sentada em um banco na porta da estalagem, como sempre eu fazia para ver a vida passar, já que a minha parecia que não passava nunca, avistei Sophia, de longe. Levantei-me imediatamente e, sem me dar conta de que havia criado coragem, pois o Airton estava em casa naquele dia, fui ao seu encontro.

– Meu anjo – perguntei, abraçando-a –, o que aconteceu com você?!

Ela parecia uma mendicante, não que estivesse suja, mas toda esfarrapada.

– Estou bem, dona Melca – respondeu, abraçando-me com ternura.

– Como pode estar bem, Sophia?! Olhe os seus trajes! – disse-lhe, segurando uma parte de seu vestido, todo rasgado.

– Não posso demorar, minha amiga... Tenho que voltar logo...

– Não, Sophia, por favor, fique mais um pouco.

Meu egoísmo falava mais alto, pois temia em

estar com ela, mas naquele exato momento pedia para que ficasse comigo.

– Gostaria muito, dona Melca, mas temo que Justino possa estar nos observando e queira prejudicar a senhora. Ele pediu para que eu viesse fazer uma cobrança em lugar dele, mas o senhor Ataíde não quis pagar e ainda procurou algum dinheiro em meu traje.

– Que dinheiro, Sophia?!

– Ele imaginou que se o senhor Justino me pedira para cobrá-lo, poderia também ter-me mandado cobrar mais alguém, antes dele. Era o dinheiro de outro que ele estava à procura. Mas não fiquei com medo, não! Eu não tinha dinheiro algum.

– Minha menina! Como pode ser assim?!

– Dona Melca, peço que não tenha ódio do senhor Justino, pois ele é um infeliz e, um dia, Deus irá mostrar-lhe que não se pode maltratar ninguém. Ele irá sofrer por esses desmandos, por isso, não precisa perder seu tempo, nem destruir a sua integridade desejando coisas ruins para alguém que, por si só, já está se destruindo! Ore a Deus e será recompensada por ter misericórdia de um de Seus filhos ignorantes!

Ela me olhava e de seus lábios parecia sair um medicamento, curando-me do ódio que eu sentia por Justino e Airton. Como era possível aquilo, eu só soube agora, depois de desencarnada. Sophia possuía o único sentimento capaz de transformar os corações mais endurecidos: o amor!

Uma semana depois, Sophia teve a sua filhinha. Uma senhora, que era considerada benzedeira, foi ajudar no parto. Aquele anjo, segundo a mulher, quase veio a óbito, pois a passagem era estreita e a sua sorte foi que a menina era muito pequena, o que facilitou para a pobrezinha sofrer menos.

Justino havia vendido a casa dele para Alcinda e agora iria morar em outro lugar, fato que fiquei sabendo por ela própria quando, um dia, esteve em minha estalagem e me contou sobre o parto de Sophia e sobre a casa. Ela estava bêbada o suficiente para demonstrar o ódio que sentia pela menina. Alcinda acreditava que, se não fosse Sophia, Justino estaria casado com ela, e fiquei imaginando como alguém poderia querer estar casada com aquele homem, cruel e muito mal-educado. "Ora essa, Melca!", pensei, "você também não é casada com semelhante criatura?!" A verdade é que, muitas vezes, falamos da situação alheia sem nos dar conta da nossa, como Jesus perguntou: "Por que vedes um argueiro no olho do vosso irmão, vós que não vedes uma trave no vosso olho?".

Gostaria ter outra vida, mas não tinha coragem de ir à busca. Muitas vezes, quando me encontrava sentada, aos domingos, à porta da estalagem, não sei quantas vezes, ficava escrevendo um livro em minha mente, e esse livro me trazia paz. Nessa história, tinha o doutor João como irmão querido e Pedro como meu único sobrinho, e morávamos todos em uma casinha muito simples, próximo a uma praça. As janelas e as portas de nossa casa eram azuis, as paredes brancas como a neve e, no quintal, havia uma horta linda e bem cuidada. Por sua vez, Sophia era minha filhinha. Não sei o porquê, mas nesse meu livro não sentia necessidade de um esposo, talvez por um trauma da vida real. Íamos todos os domingos à igreja e, depois da missa, voltávamos para casa para preparar os quitutes para um maravilhoso piquenique. Infelizmente, eu era sempre despertada com um cascudo na cabeça, com um grito de “acorda, mulher lerda!”, que me trazia de volta à triste realidade.

Quando ele saía, voltava para o meu livro, agora, não mais sentada naquele velho banquinho de madeira remendado, mas em pé, com os cotovelos apoiados no balcão e as mãos segurando o meu queixo, com o olhar vagueando, que era uma beleza!

De volta à Casa do Amor

– Hoje, a senhora irá mudar-se para uma casa – explicou-me Sophia.

– Eu não irei ficar com você?

– Não, dona Melca, a senhora vivia em uma casa antes de ir para a Terra, em trabalho redentor. E é para essa família que a senhora irá retornar.

– Não estou entendendo... Como posso ter uma família exclusiva, se vivemos muitas vidas?

– Não é uma família exclusiva. São todos unidos pelos laços espirituais e não consanguíneos, como acontece na encarnação. Em breve irá encontrar-se com os que a amam e que retornaram da Terra.

– Qual é a diferença? Não consigo entender. Família é família e ponto final.

– Não, minha amiga! Essa é a visão que temos quando moramos nos mundos carnais, principalmente nos inferiores ainda. Quando já estamos em mundos mais adiantados moralmente, esse ponto de vista desaparece. Aqui, nos unimos pelos laços espirituais, e os laços de família não são destruídos pelas reencarnações. Aqui, no mundo espiritual, nos unimos pela afeição, onde queremos estar juntos daqueles com quem nos afinamos e que se assemelham conosco. Quando reencarnamos, nos separamos momentaneamente e, com a desencarnação, nos procuramos, saudosos, como pessoas que acabam de voltar de uma viagem e têm saudades dos que amam. Muitas vezes, esses Espíritos se unem, até mesmo na reencarnação, pelos laços familiares, e é por isso que sentimos muita afinidade com alguns dos parentes e, com outros, nenhuma. É que alguns desses Espíritos se unem a nós, em laços familiares, para aprender, como, por exemplo, a perdoar. Isso ocorre quando sentimos ódios ou mágoas que não querem cicatrizar, e só nascendo juntos é que poderemos aprender a conviver e até mesmo perdoar. Também a nos doarmos e, nesse caso, tentando ser mais solidários e nos sensibilizando com a dor do próximo, sentindo o desejo de auxiliar; a ser tolerante, paciente, a abandonar o orgulho e o egoísmo e tantas outras paixões inferiores, que só existem em mundos de provas e expiações.

– Sophia, eu tenho ouvido falar sobre diversas moradas no Universo. Mas você está me dizendo que essas paixões só existem em mundos semelhantes à Terra, que são ainda de provas e expiações, e não entendo ou creio que seja muito difícil para a minha capacidade de entendimento... E os habitantes de mundos primitivos? São mais infelizes que os da Terra?

– Não, minha querida amiga. Nos mundos primitivos, os habitantes são inferiores aos da Terra, física e moralmente. Ainda não conseguem praticar o bem, pela ignorância, devido ao seu estágio moral infantil, e quando praticam o mal, é apenas pelo instinto de preservação, ou seja, não são considerados maus, pois não houve a intenção da maldade e sim, a da preservação, que é nata em todos nós, seres humanos. Não podemos culpar uma criança que está entrando pela primeira vez em uma sala de aula e que não sabe ler. Alguns desses Espíritos primitivos já retornaram à Terra e é dessa forma que vão adquirindo experiências, aprendendo com seus erros e acertos. Fica tudo gravado no arquivo mental de cada um, porém, quando houver necessidade, esse arquivo, de maneira natural, será revolvido. Agora, existem outros que vão tomando gosto pela maldade e se deixam levar por isso. São os que escolhem caminhos longos na jornada evolutiva, e quanto mais tempo permanecerem nesse procedimento, criarão um tipo de simbiose, que lhes dificultará a migração para mundos melhores e mais avançados. Os que escolherem um caminho mais curto, sem a satisfação de praticarem o mal, sairão mais rápido desses mundos de sofrimento. Como pode constatar, minha amiga, somos nós que dificultamos a nossa vida, nos enganando e nos iludindo com as paixões inferiores. Porém, os que se encontram em mundos de provas e expiações sabem discernir o certo do errado, e suas escolhas já não podem mais ser comparadas ao exemplo das crianças que acabam de entrar pela primeira vez em uma sala de aula. Já possuem maturidade suficiente para decidir o que querem da vida. Esses são comparados a filhos teimosos que já provaram o veneno, não se contentaram com a dor, e ainda desejam oferecê-la aos outros. Tendo agravado o seu estado, permanecem reencarnando em mundos compatíveis com o seu modo de vida. Como pode avaliar, dona Melca, cada um só tem o que deseja, colhendo o que planta.

– É verdade, meu anjo, e como é doloroso saber que escolhemos permanecer vivendo em mundos que possuam dor e sofrimento, ao invés de querer ir para um mundo onde reina a paz.

– Esses irmãos, dona Melca, que fazem essa escolha, um dia perceberão a necessidade de se melhorarem. É por isso que precisamos trabalhar em favor dessa mudança.

– O que quer dizer, Sophia?

– Bem, só há um jeito de vencer o ódio...

– E qual seria, minha menina?

– Pelo amor, pois somente ele é capaz de destruir as carapaças existentes em irmãos endurecidos, alimentando de luz e esperança os que vivem nas trevas interiores e amando incondicionalmente os dissolutos...

– Mas, Sophia, você há de compreender que é muito difícil.

– Sim, minha doce Melca! Difícil sim, mas não, impossível, e é por isso que precisamos praticá-lo, mesmo que seja iniciando essa prática de forma mecânica, para só então, um dia, tornar natural esse amor. Certa feita, ouvi de um amigo, que reside em plano mais elevado, que "para os que ainda não aprenderam a amar a Deus, necessário se faz que o tema". Já é um bom início.

Fiquei sabendo, muito tempo depois, que esse amigo de Sophia foi um homem de caráter probo na Terra, de nome padre Germano.

– Quando eu chegarei lá, nesse estágio?! – interroguei, um pouco desanimada da minha condição

– Quando desejar, minha querida, pois é dona do seu tempo. Você tem a escolha de poder fazer esse tempo ser lento ou rápido.

– Mas, e Deus, não tem pressa?

– Claro que não! Ele nos conhece e sabe que, cedo ou tarde, iremos alcançar o objetivo traçado para nós. É claro que, se houver necessidade, Ele intercederá.

– Intercederá?

– Sim. Quando Deus vê que o Seu filho está causando danos ao próximo e a si mesmo e não deseja melhorar, ou melhor, se modificar, tomará as providências cabíveis para auxiliá-lo. É claro que vejo a dor nisso, pois quem não desejar o bem, nem para si, nem para os outros, não terá, como recompensa, a alegria!

– E o livre-arbítrio, Sophia?

– Todos têm, embora, equivocadamente, pensemos que esse livre-arbítrio seja total em nossas mãos. Ledo engano. Como poderíamos viver em um mundo como a Terra, tendo o poder de lidar, de forma absoluta, com essa liberdade? Deus nos permite caminhar até determinado ponto. Caso insistamos em seu uso para o mal, Ele nos suspende temporariamente a livre escolha.

– Estou começando a entender que eu poderia ter sido melhor e não o fui.

– Não, minha querida, não se culpe dessa forma, ou irá paralisar a sua evolução. Você é uma pessoa generosa e tem como prioridade não fazer as pessoas sofrerem. Foi resignada em sua jornada na Terra, como Melca, pois não reclamava da vida que tinha e tentava entender o atraso moral do seu companheiro Airton. Auxiliou a todos que vieram em busca de alento, quando distante de seu marido, que a impedia. Jamais deixou um filho de Deus sem alimento, mesmo que às escondidas de seu companheiro. Se tivesse feito de outra maneira, poderia despertar algo muito pior em Airton, mas preferiu compreender as suas imperfeições morais, auxiliando-o, sem o abandonar. Se tivesse escolhido viver sem ele, seria uma decisão que lhe cabia. Afinal, só é válido esse martírio do convívio quando há renúncia; se reclamasse o tempo todo, perderia todo o mérito. Fez a sua escolha sem maltratar ninguém. Creio até, que se tivesse se separado dele, teria sofrido com o remorso.

– Mas eu não tinha amor por ele!

– Então, acredita que não há mérito nessa renúncia? Fez muito por um irmão, e esse é o amor fraterno, sem interesse pessoal. Apenas amor fraterno. Bem, agora a levarei para a sua nova morada. Lá encontrará almas queridas que já conviveram com você em vidas passadas e até mesmo na última. Outras, que também lhe são afins, vivem em colônia próxima, e até mesmo nesta, em outras moradias, e relembrará muitas coisas do pretérito. Afinal, não haveria a possibilidade de todos morarem numa mesma residência, não é mesmo?

– Fico-lhe grata, meu anjo.

E como se estivesse lendo o meu pensamento, Sophia continuou:

– Eu não irei ficar no mesmo lar que você, porém estaremos sempre juntas, pois também somos Espíritos afins. Eu a amo muito e um dia ficaremos juntas. Por enquanto, ficarei ainda afastada.

Fui, então, levada por Sophia para conhecer a minha nova morada. O espanto fazia a decoração do meu rosto. Aquele lugar era sublime. Entramos em uma rua muito larga, com flores amarelas e violetas por toda a sua extensão. As árvores eram tão frondosas, que dava gosto, e os pássaros cantavam, como se embalassem uma criança para dormir. Músicas suaves inundavam todo o ambiente. Não sentia frio nem calor e a temperatura era agradável. Pensei: "será que existe banho, aqui?" Sophia sorriu como se houvesse lido o meu pensamento e, abaixando a cabeça, pensei: "espero que não pense que não me preocupo com a higiene!" E levantei a cabeça, disfarçadamente, para ver se ela sorria de novo, mas não sorriu. Acho que foi para não me constranger.

As casas eram lindas, muito simples e tinham características românticas. Jardim repleto de flores e até fonte, que nunca vi em uma casa, havia lá. Janelas com vidraças coloridas e uma placa na entrada daquele... como posso dizer... condomínio! E estava escrito com flores na entrada principal de cada casa: "Bem-vindos, irmãos queridos". Então, fui tomada por uma alegria muito grande, pois de uma das casas, a porta principal se abriu e saíram muitas pessoas, numa verdadeira festa à minha chegada. De imediato, não pude compreender, e só aos poucos fui-me dando conta de que estava de volta ao lar que já fora meu um dia. Abracei a todos e lembranças me vieram à mente: Lúcia, uma querida irmã que, em vida anterior, fora minha filha; minha mãe, Antônia e o meu avô Clemente; havia, também, mais duas pessoas: uma era dona Stela, pessoa de quem imediatamente me lembrei, como tendo sido uma amiga generosa que me tirou do sofrimento, depois de um casamento destruído, que culminara com a morte do meu esposo; e uma outra, que ainda não lembrava bem, mas que percebia sentir muito carinho por ela. Jamais imaginando reencontrar minha família, corri e abracei cada um deles, com lágrimas de felicidade. Orei, agradecendo a Deus, pois não me achava digna de tanta graça.

Não vi Enéas na casa e perguntei a Sophia se ele residia próximo. Fui esclarecida que sim, e que logo ele viria me visitar e estaríamos juntos novamente. Desejei perguntar sobre o doutor João, mas deixei para outra oportunidade, resolvendo não perguntar mais nada, afinal, não queria atormentar aquele anjo com tantas perguntas tolas. E é nessa casa que ainda moro. Dias atrás, fiquei sabendo que Lúcia iria reencarnar. Eu sentia muita alegria pela oportunidade que ela estava tendo, mas ainda nem por sonho eu estaria preparada. Sophia me explicou que não me preocupasse, pois tinha muito que aprender, e que a Terra estaria bem diferente quando eu fosse voltar. Suspirei, aliviada.

Um dia, sentada à mesa com todos da casa, pedi para minha mãe contar a História de Salfaad, pois queria relembrar a minha infância. Então, ela sorriu e disse:

– Abram bem os ouvidos, que lá vou eu. E todos sorriram com o jeito dela.

E ela começou a contar: Chegaram, então, as filhas de Salfaad. Este era filho de Héfer, filho de Galaad, filho de Maquir, filho de Manassés; pertencia ao clã de Manassés, filho de José. As suas filhas chamavam-se Maala, Noa, Hegla, Tersa e Melca. Elas apresentaram-se a Moisés, ao sacerdote Eleazar, aos chefes e a toda a comunidade, à entrada da tenda da reunião, e disseram: "O nosso pai morreu no deserto. Não pertencia ao grupo de Coré, que se revoltou contra Javé. Ele morreu pelo seu próprio pecado e não deixou filhos. Por que é que o nome do nosso pai deveria desaparecer do seu clã? Só porque não teve filhos? Deem-nos uma propriedade entre os irmãos do nosso pai. Moisés apresentou a causa delas a Javé. Então, Javé disse a Moisés: "As filhas de Salfaad têm razão. Dá-lhes uma propriedade como herança, entre os irmãos do pai delas. Transmite-lhes a herança do pai. Depois, disse aos filhos de Israel: "Se um homem morrer sem deixar filhos, passai a herança para a sua filha. Se não tiver uma filha, entregai a herança aos seus irmãos. Se não tiver irmãos, dai a herança aos irmãos do seu pai. Se o seu pai não tiver irmãos, dai a herança ao parente mais próximo dentro do clã; este receberá a herança". Esta é a norma justa para os filhos de Israel.

Eu lhe perguntei como se lembrava de tantos detalhes da história. Então, me olhou nos olhos e disse:

– Melca querida, li tantas vezes essa história, que gravei em minha mente todos os nomes, pois queria lhe deixar alguma lembrança quando eu partisse e jamais imaginei reencontrá-la, mas, hoje, estarmos juntas aqui é a maior felicidade. Eu sempre dizia a mim mesma: "Melca, você irá se lembrar pelo menos dessa história que foi a sua mãe que lhe contou".

– Como é maravilhoso continuar vivendo junto de quem amamos! Sinto-me leve e não tenho mais dores no corpo. Só acho engraçado eu estar mais velha na aparência que a minha mãe!

E sorrimos todos com o que eu falei. Eu compreendia sobre isso, pois Sophia já havia-me ensinado.

O DESAPARECIMENTO

– Senhor Justino, por favor, deixe-me pegar a minha filha.

– Sua filha! Ela é minha! Você é muito ingrata. Agora vá fazer a minha comida antes que eu lhe bata novamente.

Sophia temia pela vida da sua filhinha. Justino não a deixava alimentar a filha enquanto ela não terminasse toda a tarefa, tornando-se um hábito ele deixar a pobre criança presa, aos berros, dentro do quarto, com fome, enquanto ela cuidava da casa. A pobre Sophia chorava e tentava terminar o serviço o mais rápido possível, para poder pegar a criança, mas Justino sempre achava algo errado e dizia para ela deixar de ser preguiçosa e acabar o serviço antes que a menina morresse de fome.

– Meu amorzinho – tremendo, aquele anjo entrava no quarto depois de muito tempo –, estou aqui, não chore mais.

E cantava uma canção de ninar, embalando a filha enquanto a alimentava.

– Cale essa boca, maldita! Ou tiro você desse quarto!

Sophia, soluçando, cantava baixinho bem junto do rosto do nenê, para que Justino não ouvisse.

Numa dessas ocasiões, o pobre infeliz pegou uma garrafa de bebida e a bebeu até cair.

No dia seguinte, antes que ele despertasse da sua bebedeira, Sophia deixou que a filhinha mamasse bastante, pois sabia que demoraria muito para se alimentar novamente.

– A sua água está preparada para o banho, senhor – informou, cabisbaixa.

– Pensa que estou sujo?!

– Não, senhor Justino, só fiz a minha obrigação.

– Maldita, é igualzinha à sua mãe! Pensa que é boa! Por que não me odeia?! Não me enfrenta?! Não vê que a odeio por ser assim?!

Ela nada falava, apenas escutava e orava em silêncio, pedindo que Deus a fortalecesse.

– Hoje, Sophia, você escolherá quem vai comer nesta casa!

– Senhor Justino, como eu posso escolher alguma coisa? É o chefe desta família e acredito que o senhor é um homem bom e não nos fará mal. Então, deixo que o senhor decida – disse Sophia, tentando tocar o coração daquele homem, apelando para o amor.

– Pois bem! Deixe para lá! Comeremos todos nesta casa, no horário certo – disse, quase sem se deixar ouvir.

No plano invisível, Júlia sorria, abraçando Sophia. Junto a ela, Francisco ministrava passes magnéticos no peito de Justino. Aquele infeliz sentia tanto ódio no coração, que estava morrendo sem se dar conta. As veias já estavam sendo bloqueadas como um cano entupido com gordura. Graças a Deus, aquele dia foi o melhor para Sophia e para sua filhinha. Ela pôde alimentar a criança, mesmo temendo o homem. Deu banho e trocou a menina, como não fazia há muito. Ela só não cantarolava, pois sentia medo de que Justino se aborrecesse e voltasse atrás em sua decisão. No final do dia, Sophia foi pegar o bebê para dormir junto dela, até que Justino entrou no quarto, apanhou a criança nos braços e lhe disse:

– Já está bom demais! Agora deve me dar atenção! Quero você!

A pobre garota pediu para que ele a deixasse colocar o bebê para dormir e que depois ela ficaria com ele. E assim foi feito. O que Justino não contava era que Sophia não seria dele outra vez, pois os amigos espirituais sempre o adormeciam a fim de libertá-la de seu jugo. Mais uma vez, a pobrezinha teve o seu corpo imaculado, e não tocado de maneira vil pelo infeliz.

No dia seguinte, Sophia acordou, sobressaltada, com fogo em toda a casa. Sua primeira providência foi pegar a criança, que já não mais se encontrava lá. Tentou sair gritando pela menina, mas foi atingida por um pedaço de madeira que se soltou do telhado e perdeu os sentidos.

"Antonio, acorde!", dizia uma voz que se fazia presente no ouvido do velho Antonio, que residia bem próximo de Justino. Era a voz do Espírito Francisco, auxiliando indiretamente no socorro a Sophia. Os Espíritos de luz se fazem ouvir sempre que necessário e, aquela, não era a hora de Sophia desencarnar, por isso, Francisco inspirava Antonio a acordar e ver a fumaça. Quando este percebeu o que estava ocorrendo, saiu em disparada em direção à casa de Justino, gritando: "Fogo! Fogo!" E ainda chegou a tempo de retirar a pobre Sophia, com vida, dos escombros.

Os comentários eram diversos. Alguns acreditavam que Justino estivesse morto, outros diziam que só podia ter sido ele quem colocara fogo na casa para matar a menina, o que, na verdade, não passava de especulação. Mas o motivo era único: a maldade no coração daquele homem, somada ao ódio por não ter tido o amor de Júlia, e ver, em Sophia, a bondade da mãe. Tudo isso era uma afronta para aquele homem desequilibrado. Em sua mente insana, acreditava que só havia um modo de se vingar de Júlia, e esse modo era maltratando sua filha. O tempo passava e o ódio por Sophia foi se transformando em um sentimento terrível, possessivo: ele queria ter aquela criança como sua, de corpo e alma. Como não recebia da outra parte o que ele desejava, transformou o sentimento, que já lhe era desequilibrado, em ódio, permitindo que Espíritos inferiores aumentassem esse distúrbio, ficando o pobre infeliz sob o jugo de desencarnados de semelhante índole. Justino havia ido embora da cidade e deixado Sophia para trás. O seu consolo estaria no sofrimento dela, pois ele sabia que, se ela não morresse, iria muito sofrer com o desaparecimento da filha.

Justino, realmente, havia planejado tudo.

Cristóvão

Cristóvão havia-se mudado para Pinheiro Machado pouco tempo antes de Sophia aparecer em minha vida. Diziam que ele fora um desertor, e que havia abandonado esposa e filha, fugindo, sabe lá Deus, de onde e de quem. Um senhor que levava comida para ele, e que esteve uma vez em minha estalagem, disse-me que sentia pena daquele pobre homem. Perguntei-lhe o porquê e ele me relatou que viver com culpa é coisa séria, dizendo-me que o pobre Cristóvão sentia remorsos por ter deixado a família entregue aos inimigos de guerra. Que a esposa foi morta um ano depois de sua fuga e, da filha, ele não sabia o paradeiro. Fiquei pensando qual seria o tamanho da dor do infeliz, sentindo tanta pena dele, que não conseguia parar de pensar nisso. Esse senhor que me contara, chamado Aluísio, era o proprietário do casebre no qual Cristóvão morava e contou-me também sobre a fortuna que Cristóvão já tivera, da qual os inimigos se apossaram. Era Aluísio, também, quem levava as refeições para o pobre infeliz.

Nunca vi Cristóvão falar com ninguém, não

sorria e parecia viver sempre em estado de êxtase, olhando para o céu como se esperasse alguma coisa descer de lá. Eu pensava muitas vezes que ele estava orando, pedindo perdão pelo ocorrido. Todos os dias, ele ficava na porta do seu casebre e algumas pessoas acreditavam que ele só se sentava ali na porta para ver se alguém jogava pedra nele, ou, até mesmo, algo pior. Alguns meninos malcomportados passavam em frente à porta dele, cuspindo no chão. Parecia que todos já sabiam do passado do homem, e acho que, se isso fosse verdade, seria uma forma de se punir. No final do dia, ele se levantava, pegava a cadeira, fechava a porta e a janela, entrava com a sua dor e só no dia seguinte era possível vê-lo novamente.

– Bom dia, seu Cristóvão – acenou uma senhora muito bisbilhoteira.

Ele não respondeu e, nem mesmo olhou para ela, com o pensamento parecendo vaguear.

A bem da verdade, aquela mulher só queria uma pequenina chance para se aproximar dele e bisbilhotar a sua vida. Como se não bastasse o sofrimento oculto naquela alma, ainda havia os que faziam questão de trazer de volta um passado que parecia consumir o pobrezinho.

Lembro-me bem de um dia, em que o senhor Aluísio entrou com uma sacola parecendo conter ervas e demorou muito para sair, ficando lá por muito tempo. Nesse dia, Cristóvão não se sentou em sua cadeira e, já à noitinha, a pedido de Aluísio, o doutor João foi chamado e não pôde levar Pedro com ele. Não fiquei curiosa para saber o que estava acontecendo, pois era óbvio que ali existia sofrimento. Fui para o meu oratório e orei pedindo a Deus pela saúde do infeliz e nem cheguei a ver o doutor João sair de lá. Tudo o que sei é que só dois dias depois Cristóvão voltou à sua rotina: acordar, sentar-se em sua cadeira de madeira e olhar para o céu, mais magro que nunca!

Sophia trazia escondido em seu vestido umas frutas que ela catara na feira para ele. Eu a via, sempre, procurando, como quem não quer nada, as frutas que caíam das mesas e olhava para os feirantes procurando saber se não lhes serviam mais. Alguns diziam "sai daí, menina infeliz!", outros, fingiam não ver, mas havia um que chamava Sophia de "prenda". Era o velho

Adamastor, que dizia: "tome essas aqui, minha 'prenda'". Adamastor acabou desencarnando com uma forte dor de cabeça, mas não me esqueço de que uma vez ele me disse que aquela menina era o bem em pessoa. Dizia sentir alívio no coração e que, quando olhava para ela, suas culpas desapareciam, e chegava, segundo ele, a passar o resto do dia bem e em paz; que quando ele estava perdendo a paciência com alguém ou alguma coisa, pensava nela e se sentia melhor. "Era quase uma oração, aquela menina para mim" – dizia ele.

Sophia não falava com Cristóvão, pois eu estava sempre olhando o homem. Do balcão da estalagem, eu via a pracinha, que era bem estreita, e a casa dele ficava no outro lado, bem em frente. E como eu atendia as pessoas diariamente no balcão, não tinha como não ver o que se passava lá. Eu via quando Sophia se aproximava dele e deixava em cima da janela um pacotinho retirado debaixo do xale que ela usava, não sem antes olhar para os lados, a fim de verificar se ninguém estava vendo. Era só nessa hora que Cristóvão abaixava a cabeça, esperava ela sair, sumir da vista dele, coisa que ela fazia muito rápido, para, então, se levantar com dificuldade e dirigir-se até a janela, da qual apanhava o pacotinho e voltava a sentar-se. Abria-o lentamente e esboçava um sorriso, limpando a fruta na camisa velha e rasgada, e a mordia. Penso que, às vezes, ele se engasgava comendo a fruta, com um choro preso na garganta.

Sophia nunca tocou no assunto comigo, então, preferi respeitar seu silêncio e não lhe perguntar nada.

A DOR

– Sophia, minha filha, venha ficar comigo, por Deus – implorei, para que fosse para a minha casa, segurando o braço dela e conduzindo-a até a minha estalagem.

Soluçando, ela me atendeu, e só me atendeu porque não estava bem, pois temia que Airton me prejudicasse, se ela fosse morar lá. Naquele momento, não estava preocupada com ele, apesar do medo que sentia, pois o meu amor pela garota era maior.

– Vamos, minha menina – pedi-lhe, levando-a para o banheiro –, tome um banho e depois iremos procurar sua filhinha.

Eu temia pelo pior, mas Sophia chorava tanto, que cortava o meu coração. Todos na cidade já estavam sabendo do ocorrido, e alguns diziam que Justino só poderia estar desesperado para praticar um crime desses. Outros argumentavam que, para ele fazer isso, sabe-se lá o que a aproveitadora, no caso, Sophia, andara fazendo. E ainda existiam os que achavam pouco o que ela estava passando, complementando de forma cruel: “Ela não trocou a mãe por ele? Olha aí o castigo de Deus!”

Poucos ali eram capazes de compreender aquela criança. Outros choravam ao ver o estado de sua tristeza e, para estes, era como se Deus lhes tocasse o coração.

Sophia tomou um banho e logo depois sentou-se à mesa comigo, dizendo-me:

– Dona Melca, não posso ficar aqui, pois Justino, com certeza, irá devolver a minha filhinha. Ele não conseguiria ficar com ela, e não acredito, ou pelo menos não quero acreditar, que ele possa maltratá-la.

– Sophia, minha filha, para onde irá?

– Ainda não sei!

– Então, meu anjo! Fique aqui só por um tempo. Eu cuidarei de você! – pedi-lhe, até porque, Airton tinha viajado e eu teria algum tempo para pensar em algo.

– Eu agradeço, dona Melca, mas...

Sophia não argumentou que Airton não iria gostar, apenas tentava se justificar, dizendo que não podia ficar comigo para que Justino não sentisse mais raiva dela e lhe devolvesse a filha, e ainda dizia:

– A senhora bem sabe que ele não aprova a nossa amizade, então, para que eu iria desafiar ou contrariá-lo?

Mas eu sabia que a verdade era outra, sabia que ela temia que Airton me colocasse na rua, ou que me batesse, por ela estar na estalagem. Eu tentava explicar a ela que Airton não iria se incomodar com a sua presença e, além do mais, ela poderia me ajudar nos trabalhos de casa e que ele iria até mesmo gostar de ter alguém sem precisar pagar. Então, ela me olhava com lágrimas nos olhos e me dizia:

– Dona Melca, seu Airton é um homem bom e tenho certeza de que ele não se incomodaria em me deixar ficar, mas prefiro que seja do meu jeito. Por favor, dona Melca, não sofra com isso, ou me sentiria pior.

– Não, Sophia, você ficará comigo, sim! – respondi-lhe, de maneira enfática.

Duas semanas depois, Airton estava de volta, soube o que aconteceu e, não sei por qual motivo, não reclamou de Sophia ficar conosco. Achei muito estranho e também não me precipitei em perguntar. Apenas aceitei. Sophia fazia tudo dentro de casa e se recolhia muito cedo em um quartinho, nos fundos de nossa estalagem, um pequeno cômodo muito simples, mas limpo, que ela mesma cuidava com muito zelo. Eu sabia que, muitas vezes, passava a noite olhando para o céu e se perguntando onde estaria Justino com a sua filhinha. Foi aí que eu compreendi Cristóvão. Ele também devia ficar olhando para o céu e se perguntando onde estaria a família dele. Meu Deus! Que dor que aqueles filhos de Deus sentiam. Perder os entes amados ou, pior, não saber onde se encontravam, era uma tortura terrível.

Uma noite, percebi que Airton não estava no quarto e fui verificar onde ele havia ido àquela hora. Procurei por toda a estalagem e não o achei, mas quando fui para o fundo da casa, o ouvi batendo à porta do quartinho, onde Sophia repousava, ordenando:

– Abra a porta, menina maldita, ou eu acabo com você!

E fiquei escutando, sem conseguir dar um passo, pois minhas pernas tremiam

– Pensa que vai ficar comendo de graça, sua idiota?! Justino, com certeza, fez o certo!

Sophia não abriu a porta, ele acabou desistindo e, antes que voltasse para o quarto, corri e me deitei sem que ele percebesse. No dia seguinte, eu estava com uma terrível dor de cabeça e fui falar com ele, mas acabei levando um tapa no rosto, que me derrubou. Discutimos muito, ele me surrou, como nunca havia feito e, desde esse dia, nunca mais fui a mesma. A vergonha tomava conta de mim e não me alimentava como antes, sentindo tanta tristeza, que parecia morrer pouco a pouco. Temia pela vida da Sophia, sem conseguir protegê-la. O que seria dela?!

– Dona Melca! Meu Deus! O que eu fiz?! – exclamou, apavorada, naquele dia, quando me viu machucada.

– Nada, minha menina, você não fez nada. Airton estava bravo por não ter mais tanto dinheiro para as necessidades dele. Mas tudo irá ficar bem – respondi, tentando disfarçar o ocorrido.

– Dona Melca, não quero que sofra com o que vou lhe dizer, mas preciso sair daqui. Vou ficar com uma pessoa que mora sozinha, depois lhe direi onde é.

Eu sabia que não existia ninguém para ela ir morar junto, mas temia que ela ficasse conosco e Airton fosse um segundo Justino na vida dela.

– E não precisa se preocupar, dona Melca, pois seu Airton não iria entrar no meu quarto...

Fiquei abismada quando ela me falou sobre a noite anterior.

– Minha mãe estava lá me protegendo, ele não conseguiria entrar. Eu orei a Deus pedindo auxílio e olha que ele me enviou minha mãe!

– Sophia, meu amor, o que seria de mim sem você? Para onde vai, minha pequena? O que irá fazer da vida? Sei que se ficar aqui, Airton tentará abusar de você, e não sei o que fazer...

– Pois bem, eu sei! – falou com tanta firmeza, que me deixou sem ação. – Irei viver como Francisco de Assis e me sentirei bem, pois não preciso de casa para morar. Afinal, se não tenho uma, é por ter que aprender a viver sem, ou trabalhar para conseguir. E quanto ao meu sustento, penso que não exista alguém, aqui em Pinheiro Machado, que não possa me dar um pouco do que tem e, quando chover, irei me abrigar na igreja; o padre não irá se importar. Quem sabe, assim, Justino fica sabendo da minha situação e se compadece, voltando para entregar a minha filhinha?!

– Eu lhe darei alimento todos os dias, minha criança! E quando chover, trarei você, escondida, para se abrigar, longe da vista de Airton. E quanto a Justino, meu anjo, ele há de voltar e devolver a sua vida. Deus há de lhe enviar um anjo que possa aliviar a sua dor! Dor que eu sinto em minha alma! Eu a amo, Sophia, como jamais amei alguém, e sei que, um dia, ficaremos juntas, para assim poder lhe proteger.

– Disso, dona Melca, eu tenho certeza!

E após sorrir e acariciar meu rosto, Sophia saiu da estalagem, com tanta coragem, que eu não conseguia entender.

Chorei muitos dias, preocupada com ela, que não aparecia nem mesmo para catar as frutas na feira, como fazia antes, para entregar a Cristóvão. Ele mesmo estava, acredito, achando estranho o seu desaparecimento. Digo isso porque, nos dias de feira, no horário final, ele abaixava a cabeça e olhava para os lados, creio que pensando onde ela estaria e o que poderia ter acontecido. Algumas vezes, ele olhava para a minha estalagem como quem quisesse me perguntar por ela, e eu acenava com a cabeça informando-lhe, com esse gesto, que não sabia de seu paradeiro.

Eu tinha esperança de ver o meu anjo, orando a Deus que a protegesse. Às vezes, me perguntava por que haveria eu de orar a Deus por um anjo. E a resposta não vinha. E se vinha, na minha ignorância, não entendia.

Dois meses depois, Sophia veio até minha estalagem.

– Dona Melca!

Tomei um susto tão grande, que quase caí de costas.

– Vi quando o senhor Airton saiu e, então, aproveitei para vir vê-la. Estou com muita saudade!

– Meu Deus! – exclamei, abraçando-a fortemente, e chorei, agradecendo a Deus por ela estar viva, ali comigo.

– Não posso me demorar, dona Melca, pois o senhor Airton poderá voltar a qualquer momento. Não o vi sair com bagagens, então, deve ter ido aqui perto.

– É verdade, minha filha! Mas fique tranquila, que ele não irá voltar tão rápido assim, talvez daqui a uns trinta minutos.

Não queria que ela fosse embora e fazia tantas perguntas, que ela não conseguia responder nem mesmo a uma sequer, pois eu não a deixava falar. Estava feliz e, ao mesmo tempo, preocupada.

– Diga-me, Sophia, onde você tem ficado?

– Como já disse, estou tentando me espelhar na vida de São Francisco de Assis – respondeu-me, sorrindo.

– Mas, Sophia, Francisco de Assis viveu assim por opção, e você, não!

– Então, creio que ele tem mais mérito que eu! – disse, sorrindo mais uma vez.

– Não quis dizer isso, minha filha...

– Eu sei, minha doce Melca! Estou tentando não sofrer e compreender o que Justino fez.

– O que aquele monstro fez não tem explicação!

– Tudo tem explicação, dona Melca. Até mesmo o mal! Nós é que não entendemos os motivos ou, pelo menos, não nos lembramos.

– Não sei como você pode reagir assim, com tanto sofrimento por que tem passado...

– Deus é justo, dona Melca, e algo deve haver por trás de tanta dor! Eu creio que o mal é a ausência do bem, da mesma forma que as trevas são a ausência da luz, e sinto que um dia o mal não será mais necessário neste mundo de Nosso Deus.

– Como pode pensar que o mal é necessário, Sophia?!

– Na verdade, penso que o mal seja uma consequência da inferioridade nossa e, dessa forma, acaba por tornar-se necessário para aprendermos quão bom é viver no bem, dona Melca. Mas quem sou eu para lhe falar sobre isso?

Apressei-me, então, a fazer um bom prato para ela comer. A pobrezinha estava muito magra, resfriada e com tosse. Sabia que não se alimentava bem, e percebi quando ela olhou para o outro lado da praça, a fim de verificar se Cristóvão estava sentado em sua cadeira.

– Sophia, farei um pratinho para o Cristóvão, também.

No mesmo instante, ela se apressou a dizer que poderia dividir o dela com ele, pois já estava tarde, o tempo havia passado rápido demais e Airton poderia chegar a qualquer momento. Mal fechou a boca, e já o vimos na esquina, parecendo um brucutu.

– Sophia, esconda-se aqui! Assim que ele subir para o quarto, eu lhe aviso e você sai, minha querida. Agora, se esconda, por favor, atrás da cortina da cozinha.

– Melca maldita! Onde está você?!

– Estou aqui, homem. Pelo amor de Deus, o que houve?

– Aquele sem-vergonha disse que não tem dinheiro para me pagar! Ora essa! Se ele está pensando que vai ficar assim, está muito enganado!

Airton subiu para o quarto e apressei-me a dizer a Sophia:

– Vá com Deus, minha filha, e volte amanhã, que darei um jeito de lhe dar comida.

– Não se preocupe, dona Melca. Amanhã será um novo dia e Deus proverá o meu alimento. Eu sei que ficarei bem.

Ela tossia muito e senti tanta falta do doutor João e de Pedro, pois sabia que, se eles ainda estivessem em Pinheiro Machado, ela estaria bem.

Sophia levou comida para Cristóvão e, da estalagem, eu vi a alegria dele. Fui para a porta a fim ouvir o que ela iria lhe dizer. Tudo o que ela falava, para mim, era um aprendizado, e não ficaria sem mais aquele.

– Jesus renovará a sua alma!

Cristóvão abaixou a cabeça e sorriu para ela. Pela primeira vez, eu ouvi a voz dele. Era uma voz rouca e forçada.

– Qual o seu nome, menina? – perguntou.

– Sophia, senhor Cristóvão.

– Como sabe o meu nome?

– Como não saberia o nome de uma pessoa tão ilustre?!

– Ilustre, eu?!

– Sim, senhor!

– Bem se vê que não sabe quem sou!

– O que sei já me é suficiente para considerá-lo ilustre – respondeu ela, com uma propriedade que me impressionava.

– Sou um homem maldito. Dei...

– Não me importa o que o senhor fez no passado, pois sinto que o que sente já o tortura demais para ter que relembrar. O que vejo é o que importa para mim. Sei que o senhor sofre muito e, se sofre pelo passado, é por se arrepender, e creio, de toda a minha alma, que o seu arrependimento é sincero, e se tivesse outra oportunidade repararia toda a sua vida e a dos que viveram com o senhor. E se tem arrependimento, Deus o perdoa.

– Como pode saber se Deus me perdoa pelo mal que causei?

– Como não, seu Cristóvão? O senhor não perdoaria um filho que viesse a cometer erros?!

– Claro que sim!

– Acaso se acha mais justo que Deus, com mais poder de perdoar do que Ele?!

– Não disse isso! Eu apenas penso que o que fiz não tem perdão.

– Tudo na vida tem perdão. Ore a Deus pelos que ficaram para trás e por sua alma arrependida. Pratique o bem, sem deixar a culpa paralisá-lo, impedindo-o de viver como um homem íntegro. Não podemos nos abandonar ao mal. Temos que lutar para consertar todo o mal que causamos a alguém e, assim, o fantasma da culpa desaparecerá.

– Mas como, menina? Se não posso voltar atrás e ter minha família de volta...

– É verdade, senhor Cristóvão! Porém, se quiser, pode dar-se uma chance de recomeçar sem os erros do passado.

– Estou doente e sei que não tenho muito tempo...

– Não se esconda no sofrimento. Faça o bem, apenas. Tenha o tempo que tiver.

Eu estava encantada com aquela lição de solidariedade.

No dia seguinte, vi que Cristóvão não estava na cadeira em sua porta e que a janela estava aberta. Vi quando o senhor Aluísio entrou e saiu feliz. Algo estava diferente ali. Minutos depois, vi Cristóvão varrendo a frente da casa e pegando o lixo para colocar em um recipiente e entrar. Eu tinha certeza de que Sophia tinha algo a ver com aquela mudança.

O SOCORRO NO UMBRAL

– Sophia, hoje, quero convidá-la para ir conosco socorrer um velho amigo seu – disse Francisco, com ternura. – Sei que esse irmão sentir-se-á confortável com a sua presença.

– Irei com prazer, mas posso saber de quem se trata?

– Claro, é o senhor Adamastor, o feirante da cidade de Pinheiro Machado – esclareceu, esboçando um sorriso.

– Que felicidade! Irei com todo amor que tenho. Orei a Deus todos os dias para ele parar de se punir, afinal, bem sei que já havia transformado seu coração há muito.

– É verdade, minha menina – exclamou Francisco –, ele entendeu que a culpa não iria modificar o que aconteceu. Os que ainda vivem no remorso, no ódio, na culpa, sem querer aceitar que o melhor remédio para seus sofrimentos é o perdão, tanto para si como para os outros, permanecerão longos e dolorosos anos em zonas umbralinas, sofrendo e causando sofrimento aos outros, e terão suas dores prolongadas, sendo que, um dia, terão que aceitar e, acima de tudo, compreender que só o bem cura.

– E quando iremos, Francisco? – feliz pelo convite, indagava Sophia.

– Agora mesmo, todos estão a nossa espera, e vim apenas convidá-la, pois bem sei que ficaria muito feliz.

Eu ouvia falar nessa zona de sofrimento, pois muitos dos que moravam comigo foram levados para lá atraídos pelo próprio magnetismo. Minha mãe me contou que foi lançada para o umbral sem pensar nele, apenas por ter, no momento da desencarnação, um magnetismo deletério semelhante ao do umbral. E que os que se encontravam lá, nem se davam conta de onde estavam; ela mesma não compreendeu de imediato, levando muitos anos até compreender que só estava ali por não ter sido justa e deixado o sentimento de vingança tomar conta de sua alma.. Deve ter sido horrível para a minha pobre mãezinha, pois além de sentir saudades minhas, ainda sofria com a culpa de ter-se autodestruído, perdendo o corpo que lhe servia de instrumento para o Espírito, através de um câncer, consequência do ódio pelo meu pai e pela vida que tinha. Minha pobre mãe prejudicou as células sadias, alimentando com prazer as que estavam doentes, com energias maléficas e rancorosas.

– Ali está ele – Francisco apontou para seu Adamastor. – O nosso irmão poderá se afastar de nós, com medo. Oremos por ele.

– Quem são vocês?! O que desejam de mim? Não estão satisfeitos com a minha dor? Deixem-me em paz! Eu clamo aos Céus!

– Sou eu, senhor Adamastor...

– Eu não o conheço! – gritou, cobrindo o rosto com medo da luz que era intensa. – Deixe-me em paz! Tenho rezado a Deus para que me perdoe e não me deixe mais tempo aqui neste inferno em que vivo.

– Sabemos disso muito bem, e foi o nosso Bom Deus que nos enviou para tirá-lo desse sofrimento – Sophia falava com alegria, ajoelhando-se na lama fétida.

Após alguns segundos, o pobre infeliz levantou a cabeça vagarosamente, tentou limpar a lama dos olhos e ver quem era aquela que estava ali para socorrê-lo.

– Não tema, senhor Adamastor, sou eu, lembra-se de mim? – insistiu Sophia, colocando as mãos sobre o rosto do infeliz, erguendo-lhe o queixo, para que ele pudesse vê-la.

– Ó meu Deus! É você, menina!? Eu sabia que você era um anjo do Senhor! – disse, abraçando-a com alegria.

– Venha, meu bom amigo, estamos aqui em nome de Deus e o senhor ficará bem. Não chore mais e tente se acalmar.

Todos da equipe de Francisco, formando um círculo de luz em volta daquele enfermo da alma, estenderam os braços e deram-lhe um passe, a fim de acalmá-lo e oraram ao bom Deus: – Pai misericordioso, em Teus braços nós entregamos este Teu filho que ainda se encontra em estado de convalescença. Envia os Teus fluidos para o auxílio a este nosso irmão, e prepara-o para receber toda a assistência que, por nós, em Teu nome, lhe será dada e que, acima de tudo, possa ele desejar intensamente a cura da própria alma.

Depois da prece, Adamastor foi colocado em uma maca e dois homens, trajando vestes azuis, puderam levá-lo dali, e os mensageiros de amor, que faziam parte da equipe de Francisco, seguiram em cortejo. Sophia acompanhava ao lado da maca, segurando a mão do pobre homem, em direção a um pronto-socorro, localizado em uma área que ainda fazia parte daquele lugar, protegido por enormes cães e voluntários, armados de lanças. Também havia uma muralha medindo aproximadamente uns oito metros de altura a cercar esse pronto-socorro, que parecia se encontrar à luz do dia, enquanto o umbral se encontrava nublado e escuro. Pouco depois, Adamastor já se encontrava recebendo os primeiros socorros das mãos de irmãos generosos.

Uma semana depois, Sophia foi conversar com ele.

– Bom dia, senhor Adamastor!

– Bom dia, menina! – respondeu, um pouco debilitado.

– Bem, agora o senhor se encontra em um posto de socorro, recebendo devida medicação para o seu restabelecimento. E, assim que estiver em melhores condições, será levado para um hospital, onde permanecerá internado por tempo indeterminado...

– Como assim? Estou tão ruim que tenho que ficar ainda internado?!

– Não se preocupe, meu amigo. Creio que ainda necessita de cuidados maiores para fortalecer seu corpo, que há muito padeceu com a culpa e o remorso, e é exatamente para esse fim que será tratado, mas garanto que logo estará bem e conversando com amigos que já se encontram entre nós. O senhor já compreendeu que vive em Espírito agora e, que a realidade aqui é um pouco diferente da que viveu antes de vir para cá. O que o senhor precisa fazer é descansar mais um pouco e não se preocupar em querer saber mais que o necessário. Logo voltarei e conversaremos. No momento, peço que relaxe a mente e ore ao nosso bom Deus para que lhe envie fluidos revitalizantes.

Relaxando a cabeça, o senhor Adamastor olhava para Sophia que, posicionando-se do seu lado direito e com as mãos estendidas sobre seu peito, fazia uma espécie de assepsia, retirando as energias deletérias e, em seguida, impunha a mão esquerda sobre o coronário e a direita sobre o cardíaco, surgindo, das mãos daquele anjo, uma luz de cor esverdeada cintilante, parecendo penetrar o corpo perispiritual do amigo. Era um espetáculo natural naquele posto de socorro. Depois de alguns segundos, ela lhe pediu que tomasse um pouco da água que se encontrava ao lado do leito. Esse procedimento era feito com todos os pacientes daquela ala. Eu mesma, fiquei alguns dias me refazendo, com esse método, e assistia outros, iguais a mim, em procedimento semelhante, com a única diferença de que eu me encontrava em um hospital e, aquele irmão, em um posto de socorro, bem próximo da crosta terrestre.

Lição de amor

Sophia veio visitar Cristóvão, mas ele não estava mais na casa. Então, passou toda a manhã aguardando Airton sair, para ter comigo uma prosa, porém, naquele dia, ele amanheceu muito doente, com febre alta e tremores por todo o corpo e fiquei tanto tempo ao lado dele, que não percebi que ela estava por ali, na cidade. Cristóvão havia-me pedido para avisá-la de que havia viajado logo após nascer o Sol, e só me lembrei disso quando a febre do Airton baixou um pouco e eu fui pegar uma caneca com água para o infeliz beber. Foi aí que a avistei, corri até ela e lhe contei o ocorrido, narrando-lhe também sobre o estado de meu marido. Sophia, então, não quis ir embora, pedindo para ficar próxima à casa. Naquela hora, não entendi o motivo daquele pedido, mas concordei, afinal, tinha certeza de que deveria haver algum propósito e, de qualquer maneira, eu poderia ficar vendo-a e isso me fortalecia.

Já era final de tarde quando ouvi uma confusão na praça. Desci do quarto para ver o que ocorria e deparei-me com uma cena terrível: uma senhora, que havia sido abandonada pelo esposo, um pobre e infeliz alcoólatra, estava aos berros com a pobre Sophia, gritando coisas terríveis. E aquele anjo, sem se manifestar, continuava no banco da praça, olhando com sutileza para a mulher enlouquecida, como se não desejasse afrontá-la, desviando o olhar.

– Você, sua infeliz! Olhe-me nos olhos! Covarde! Bem sei que traiu sua própria mãe, mas Deus é justo – e, cuspindo ao falar, continuou –: Agora, maldita, está aí, sozinha, sem sua filha bastarda e sem marido! Pensa que não sabemos quem é você?! Quer se passar por bondosa, não reclama da situação e nem mesmo comenta sobre ela! Ilude a besta da Melca com sua falsa candura e, quem sabe, planeja atrair o vagabundo do Airton para você também, a fim de ficar com a estalagem?!

As pessoas saíam às portas de suas casas para assistir a infeliz enfurecida. Uma pequena parte das pessoas concordava com a pobre mulher. Quase ninguém imaginava o que Sophia estava passando e o motivo de ela ter vivido com Justino. E eu bem sabia que ninguém concordaria com os motivos dela. Hoje sei, também, que infelizmente, as pessoas ainda não estariam à altura de tal tarefa, por isso não seriam capazes de compreendê-la.

– Pare com isso, sua louca! – gritei, enfurecida. – Deixe-a em paz! Quem pensa ser para falar assim com essa pobre criança?!

– Criança!? Ela é uma desavergonhada. Eu mesma já a vi várias vezes querer entrar em casa do senhor Cristóvão no meio da noite!

– Cale-se, mulher ensandecida! Como pode falar do que não sabe?

E as lágrimas brotavam dos meus olhos, com as minhas lembranças.

– Por favor, dona Melca, não brigue por mim. Penso até que ela tenha seus motivos para pensar dessa maneira.

Eu não compreendia Sophia e acabei falando sem muito tato:

– O que diz, Sophia?! Então não sei o que tem passado em Pinheiro Machado, desde que chegou? Como pode uma louca desta ter motivos para falar do seu caráter?!

– Apenas sei que essa pobre mulher sofre e sente-se bem em desabafar. Esse é o meio mais eficaz para ela, penso eu.

– Maldita! Deseja me deixar com a consciência pesada, mas acredite, não ficarei, sua infeliz!

– Não, senhora, eu entendo a sua dor e não desejaria para ninguém, aqui presente, o seu sofrimento – retrucou, olhando com compaixão para a mulher. – Não sei o que é ser abandonada por um esposo, mas sinto muito pela senhora, e quanto à minha mãe, senhora, eu não a abandonei. Nós nos perdemos e tenho fé de que um dia nos reencontremos e, se eu vivia com Justino, foi por pensar que não seria justo abandonar um filho de Deus que se encontrava em tal estado de perturbação. Se ele ainda estivesse bem, quem sabe me sentiria à vontade para não ter ficado com ele...?

– Não fale mais nada, Sophia, ninguém aqui tem condição de entendê-la. Venha, minha menina.

A mulher abaixou o olhar e saiu desorientada, com as mãos na cabeça, chorando feito criança.

– Senhora! – Sophia correu para falar com a mulher. – Tenha fé em nosso bom Deus, pois Ele lhe reserva coisa melhor e, se o melhor for o retorno de seu esposo, esteja bem para recebê-lo.

Eu ouvi aquelas palavras e não podia entendê-la. Então, fui até ela e lhe perguntei:

– Sophia, minha menina! O que quis dizer para a mulher?

– Dona Melca, Deus só nos reserva o melhor, então, se para ela o melhor for o esposo, Deus o enviará de volta, a tempo de ela não desistir dele.

– Eu não compreendo!

– Eu sinto, dona Melca, que o amor de nosso bom Deus por nós está longe de nossa compreensão. Mas compreendo que, se passamos por situações tão infelizes, é por termos tido feito algo que não condissesse com as leis Divinas, e a consequência deve ser a dor. O bom em tudo isso é que, como todo remédio um dia tem seu fim, o nosso sofrimento também tem e, quanto mais amargo for o remédio, creio que mais eficaz ele será. Eu mesma não gostaria de tomar um remédio tão ruim tantas vezes, e penso que apenas um seria o suficiente para eu não querer adoecer.

– Sophia, ela lhe disse coisas horríveis, ofendeu-a com mentiras!

– Então, dona Melca, não devo me aborrecer com ela, já que são mentiras e, se fosse verdade, também não poderia me aborrecer, já que não mentiu, não é mesmo?

– É, Sophia! Você é um livro de receita boa! – disse-lhe sorrindo. Voltei, então, para a estalagem, deixando-a sentadinha em minha sala, enquanto subia para ver Airton.

Desde aquele dia, Cristóvão nunca mais voltou. Sophia tentava justificar a partida dele, explicando que ele havia-se libertado, voando como uma borboleta e, quem sabe, atravessando o continente, para alimentar a sua alma, faminta de paz.

Quando subi para ver meu marido, pensei em algo que me causou muita dor, posso até falar que, em verdade, cheguei a sentir calafrios. Algo em Sophia não estava bem. Algumas vezes, quando falava, a pobrezinha tossia muito e eu percebia que ela parava de falar, como se fosse para tomar fôlego. Não havia dado muita atenção, no momento, por estar com o sangue quente por causa da confusão e resolvi descer para averiguar se essa minha suspeita tinha fundamento. E quando já ia descendo a escada, ouvi uma tosse seca e compulsiva. Escondi-me, para não ser vista por ela, e vi quando Sophia parecia limpar os lábios com o forro do vestidinho em farrapos e, em seguida, levantar-se e sair. Não tive força para ir até ela, pois temia os meus pensamentos e encostei-me ao corrimão, colocando as mãos no rosto, em lágrimas. Depois daquele dia, não mais tive paz. Airton estava cada vez pior, sua perna apodrecia e ele se impacientava demais da conta, sentindo dores terríveis. Blasfemava como uma pessoa sem juízo. Maldizia o bom Deus, como costumava falar Sophia, e eu me torturava só em pensar que algo poderia vir a acontecer a ela. O que seria de mim sem a presença daquele anjo? Ao mesmo tempo, pensava que esse pensamento era egoísta, pois havia aprendido, com aquela menina, que desejar a presença de alguém junto a nós, quando este sofre, não é um ato de amor e sim, de egoísmo. Eu precisava encontrá-la.

– Bento, meu filho, eu lhe pagarei para você encontrar Sophia.

– Não precisa, dona Melca, eu sei onde ela está.

– E por que não me disse antes, menino?

– Bem... a senhora não perguntou e eu nem sabia que estava procurando por ela!

– Deixe de conversa fiada, meu filho, e, por Deus, onde ela está?

– A última vez em que a vi, foi hoje, pela tardinha, e ela estava pegando no lixo um par de botas velhas e calçando-as, perto da casa do senhor Miguel.

– É... o lixo daquela família deve ser bom. Bem, eu vou até lá. Fique de olho aqui.

Eram mais ou menos umas sete horas da noite quando a encontrei. Ela estava encostadinha em uma árvore, num beco que dava acesso à igreja do padre Américo. Ao lado dela havia três bêbados que dava dó, e ela lhes contava a história de Jesus, falando sobre o pescador de almas. Fiquei parada por algum tempo, ouvindo as lindas parábolas de Jesus, e as horas passaram rapidamente, sem que eu me desse conta. Depois, vi que o padre Américo abriu o fundo da igreja e perguntou se ela não queria entrar e tomar uma sopa quentinha. Ela amarrou o cadarço da botinha, que me parecia maior que o pé dela, ajeitou o vestidinho surrado e levantou-se. Perguntou ao padre se os amigos poderiam também entrar com ela, sendo que o que mais me impressionou, foi ela ter ido até o padre, chamando-o até o canto próximo de onde eu estava, como quem não desejasse que os bêbados ouvissem o que ela iria falar. Não pude ouvir a resposta do padre completamente, mas pude perceber que ele negou. Sophia educadamente agradeceu e voltou a sentar-se junto aos irmãos sofredores, dizendo em voz baixa, mas audível para mim: *Pensando bem, aqui está melhor; creio que lá dentro da igreja terei que dormir cedo, e aqui está mais divertido*. Naquele exato momento, dei-me conta da grandeza dela, pois o fato de afastar-se era para que os amigos não se sentissem menosprezados, caso o padre Américo não os aceitasse, como de fato o fez. Os irmãos perceberam o que havia acontecido e, num gesto de carinho, arrumaram um lugarzinho para ela se deitar, ficando eles como barreira para que o vento frio da noite não chegasse até ela. E lhe pediram que continuasse a história do Mestre Jesus. Voltei, então, até a estalagem, preparei comida para todos e levei-a até Sophia. Ela sorriu e disse que não precisava, mas que ficava agradecida pela bondade. Implorei-lhe para que ficasse comigo, mas argumentou que não poderia abandonar os amigos, que viam nela um motivo para beber menos. E ainda acrescentou que eu a entenderia, afinal, eu mesma não tinha coragem de abandonar um irmão que sofria. E eu não soube o que lhe dizer.

MEDIUNIDADE

No plano espiritual, Sophia havia-me falado que Pedro trabalhava como médico no interior do Rio Grande do Sul, e que o doutor João, Espírito, o auxiliava, sempre que fosse necessário. Fiquei curiosa para saber e ela me disse que quando fossem estar outra vez com o doutor João, ela pediria ao responsável por essa viagem para que eu fosse junto. Em verdade, tive receio de o pedido não ser aceito, pois sentia tanto desejo de rever Pedro, que rogava a Deus que, se estivesse nos desígnios Dele, ficaria feliz. Não pelo fenômeno da mediunidade, pois desde que havia chegado aqui, no Plano Espiritual, e isso já tem muito tempo, conheci pessoas que já tinham ido até a crosta visitar a família e até mesmo escrever cartas e livros como este que estou ditando para a irmã que nos serve de instrumento. Eu já tinha conversado com doutor João e ficara maravilhada por tê-lo encontrado com perfeita saúde e mais moço que antes. Eu o reconheci de imediato e chorei de emoção, ao ver aquele homem que fora desligado do corpo físico muito rápido, enquanto Sophia orava em seu leito de morte, e benfeitores espirituais o desligavam daquele corpo velho, sem saúde e muito cansado. O doutor João mora na segunda rua da mesma colônia em que eu moro, na Rua da Liberdade, e soube que os criadores dessa rua, logo que a colônia foi fundada, eram pessoas que haviam sofrido muito com doenças no corpo físico e, quando começaram a plasmar as construções, resolveram dar esse nome.

Alguns dias depois...

– Dona Melca, hoje nós iremos acompanhar o nosso querido amigo João até a crosta, a fim de levar forças ao filho querido, que há muito trabalha como médico, receitando remédios que amigos espirituais prescrevem a pacientes na Terra, através da psicografia, e ele também irá prestar auxílio aos encarnados. Como a senhora solicitou, e eu também, hoje bem cedo fui chamada pelo Departamento das Comunicações para me darem esse presente e levar a senhora conosco. Seu pedido foi concedido, e, então, está pronta ou prefere ficar?! – sorrindo, Sophia me dava essa maravilhosa notícia.

– Ó meu Deus! Que felicidade! E ainda serei contemplada em poder olhar de perto o meu querido Pedro! Não poderia me sentir mais feliz e honrada com isso. Pode deixar, Sophia, saberei ficar quietinha, sem perguntar nada. Obrigada, Senhor, obrigada!

Sophia sorria e dizia para mim que poderia perguntar, sim, caso eu desejasse.

Dois dias após essa conversa, acompanhei Victória, Francisco, Edna e Sophia.

Sentia saudades da casa material, mas preferia mesmo o mundo invisível. Entramos na casa em que Pedro se encontrava e percebi que era muito simples, embora ele estivesse bem financeiramente. Olhei pela janela, ainda do lado de fora, e verifiquei a presença de outros desencarnados, alguns, amigos de Francisco, a maior parte, pessoas sofredoras que pareciam estar em uma clínica, esperando para serem atendidos. O lugar era muito limpo e organizado, em uma modesta e escondida rua de pequeno vilarejo e, fora, quase não se via movimento, porém percebi que o mesmo não se dava em seu interior.

– Boa noite, Geraldo – cumprimentou Francisco, um desencarnado amigo que parecia ser íntimo de Pedro.

– Jesus esteja conosco, amigos – respondeu Geraldo, olhando para mim.

– Deixe-me apresentá-los. Esta é nossa amiga Melca, que teve a permissão de nos acompanhar, a fim de saciar a saudade do nosso leal Pedro.

– Vejo que hoje vieram mais Espíritos encarnados! – comentou Victória.

– Ah sim, a falta de dinheiro é muito grande aqui no povoado e os irmãos sofrem na carne a posição difícil. Dessa forma, temos que amenizar, o máximo que pudermos, assistindo-os com remédios naturais – esclareceu Geraldo, informando, ainda –: O irmão Elias recolheu-se em oração, aguardando a chegada de vocês.

– Então, não devemos atrasar o trabalho – argumentou Victória, sorrindo.

Sophia ficou junto a mim, sentada em cadeira próxima à mesa em que estava Pedro, concentrado, e em oração.

– Sophia, não desejo incomodar, mas todo mundo pode fazer isso, ou seja, uma pessoa que seja médium para receitar, através da mediunidade?

– Não, pois é necessário que haja afinidade entre o médium e o Espírito comunicante e, principalmente, a vontade do encarnado em fazer o bem. No caso de Pedro, por exemplo, na verdade, nem mesmo sabe o que lhe ocorre, apenas imagina que seja algum enviado de Deus quem lhe transmite a composição do remédio.

Nesse momento, Elias[1], que era o responsável pela preparação do fenômeno da psicografia, aproximou-se de Pedro, colocou-lhe a mão direita sobre a cabeça[2], o que não entendi bem, mas não queria e nem podia perguntar nada a Sophia, em respeito ao trabalho e ao silêncio necessário. De qualquer maneira, pude perceber que algo acontecia. Vi Pedro relaxar um dos braços sobre a perna e posicionar o outro sobre a mesa, onde já se encontravam um bloco para anotações e lápis. Nesse momento, Victória[3] aproximou o doutor João do filho Pedro. Tudo era novo e maravilhoso para mim. Percebi, então, que de Victória surgia

---

[1] Mentor do trabalho N.A.E.

[2] Centro vital Coronário N.A.E.

[3] Victória auxilou na comunicação, trazendo e ficando responsável pela aproximação de João a Pedro. N.A.E.

uma luz suave, esverdeada, que partia em direção ao pescoço[4] de João, indo também até o pescoço de Pedro. Em seguida, João, já me parecendo em profunda concentração, começou a emitir uma luz de cor azulada, que partia agora para a mente de Pedro que, exatamente naquele momento, apanhou a caneta e começou a escrever. E tudo aquilo era realizado através do pensamento, um procedimento que se estendeu por cerca de uma hora e meia. Era maravilhoso ver os encarnados que estavam sendo assistidos, saírem dali completamente felizes com receita nas mãos. Quando tudo terminou, nos despedimos de Geraldo e voltamos para a colônia. Eu me encontrava ansiosa para compreender tudo aquilo.

– Dona Melca, acredito que deseje perguntar algo – disse Sophia, imaginando minha ansiedade.

– Bem, fiquei maravilhada com o que vi, principalmente a alegria de Pedro em servir, do doutor João em se doar, e dos encarnados que saíam satisfeitos, penso que, até mesmo, refeitos. Mas a verdade é que eu não entendo ainda muito bem como se pro-

---

[4] Centro vital Laríngeo N.A.E.

cessa essa ligação, como, por exemplo, o porquê de o senhor Geraldo ter que preparar o Pedro.

– Foi necessário aplicar forças magnéticas sobre o centro coronário de Pedro, pois essa força sensibiliza e ativa ainda mais a glândula pineal, forçando-a a produzir a melatonina[5]. Essa melatonina é direcionada para o córtex cerebral, que é o responsável pela coordenação motora, ficando, então, sedados os movimentos dos membros superiores, os braços. Dessa maneira, Pedro perdeu o comando de um dos braços, permitindo que João o utilizasse.

– Meu Deus! Que perfeição Divina! Bem, não desejo saber mais nada, pois preciso refletir sobre tudo o que me foi dito. Fico-lhe grata, meu anjo, por me levar nessa tarefa de amor.

– Agradeça ao nosso bom Deus, afinal, a permissão veio de esfera superior.

Dois outros médicos também têm auxiliado Pedro nesse trabalho, receitando para pessoas carentes.

---

[5] A melatonina é um neuro-hormônio produzido pela glândula pineal. N.A.E

OBSESSOR E OBSEDIADO

Eu tinha muita preocupação com Airton, pois era visível que ele não estava bem, ou melhor, ele nunca esteve bem. Às vezes, eu imaginava que era uma coisa ruim que tomava conta do pobre infeliz, outras, eu pensava ser ele o atormentador. Em verdade, sentia tanta pena dele, que me entristecia em não poder fazer nada ou, pelo menos, achar que não fazia nada.

Fui procurar Sophia pelas ruas e a encontrei junto de seus amigos alcoólatras, ficando muito feliz, pois percebi que Laurinho, muito conhecido na cidade por haver abandonado a família para se entregar ao vício, estava falando com ela de maneira normal, sem estar alcoolizado.

– Bom dia, meu anjo, bom dia aos senhores também!

E eles me responderam em coro.

– Sophia, não quero importuná-la, mas preciso de ajuda. Airton parece estar possuído por alguma coisa ruim, já quebrou tudo dentro de casa e agora diz que eu não terei paz, mesmo depois de sua morte. Ele acha que quero ficar com a estalagem para mim... Penso que deva estar enlouquecendo.

– E como posso ajudá-la?

– Não sei, minha filha! Mas algo me diz que se você for até a nossa casa, saberá como agir. Não quero ser egoísta levando-a até lá, a fim de ajudar um homem que não gosta de você, e nem sei se tenho o direito de pedir isso, mas...

– Não fale assim. É claro que não é egoísta, pelo contrário, é generosa e sofre com o sofrimento do nosso irmão. Bem, amigos, agora terei que ir com dona Melca, depois continuarei a história de Moisés.

– Fiquem com Deus, meus filhos – despedi-me, ainda dizendo –: Ah! Laurinho, estou muito feliz em ver como está bem!

– Obrigado, dona Melca, não bebo há muito. Sophia nos ensina todos os dias que estamos infringindo a lei de preservação. Que a consequência é o sofrimento, e eu bem sei o que é consequência! Afinal, joguei fora tudo o que tinha e perdi a minha família, mas Sophia me disse que ainda há tempo de consertar o meu erro. E a bem da verdade, não tenho coragem de ir pedir perdão à minha esposa e aos meus filhos.

– Seu Laurinho, nós já conversamos sobre isso, e o senhor sabe que não deve esperar a compreensão deles e muito menos o perdão, mas deveria ir, pois creio que tiraria um peso de sua alma. Pense nisso com carinho.

Sophia seguiu comigo para a estalagem. Aquela criança me fortalecia sem o saber.

– Está escutando, minha filha? Veja como ele está bravo! Tenho medo e não consigo fazer nada.

– Como não? Claro que faz, afinal, foi pedir ajuda e isso é um modo de socorrer alguém.

– Que iremos fazer?

– Penso, dona Melca, que devemos deixar o senhor Airton lá em cima e nós duas nos sentaremos na cozinha, em prece, solicitando ao bom Deus, que nos envie socorro. Tenho certeza de que seremos atendidas.

Sophia e eu fomos, então, para a cozinha, e nos sentamos nos bancos que ficavam em frente de uma mesa pequena, bem no cantinho do cômodo.

– Dona Melca, sei o quanto é bondosa. Pense no senhor Airton com todo o fervor de quem quer fazer o bem, e eu farei a prece.

Escutávamos Airton gritar e falar horrores. Não sabíamos como, mas conseguia andar, apesar da perna toda inflamada, que parecia um minadouro. Mesmo com dor, ele chutava as coisas e maldizia tudo. Mesmo assim, Sophia iniciou a prece:

"Bom Deus, seja feita a Sua vontade antes que a nossa, dentro deste lar. Mas, como cristãs que somos, viemos pedir que, se possível, nos envie os Seu anjos de amor para socorrer o pobre senhor Airton, que sofre com a alma doente. Não ouça, Senhor, as palavras rudes que jorram dos lábios dele. Sabemos que só o Senhor tem o poder de calar os mais infelizes dos sofredores e levar luz às almas que vivem nas trevas e curar possessos. Jamais duvidamos da Sua misericórdia, não oramos para citar as Suas virtudes, pois é perfeito, mas para pedir forças e suportar, sem reclamar, se as nossas preces não forem atendidas. Compreenderemos, Senhor, tudo o que nos oferecer e aceitaremos com felicidade a Sua vontade. Fortaleça, Senhor, dona Melca, pois temo em não poder fazer isso sem a Sua ajuda. Não permita, Senhor, que o mal caia sobre ela, mas se assim for, que seja com o Seu amor, dando-lhe condições de a tudo suportar com fé. Se possível, Senhor, me permita que eu sofra em seu lugar, pois penso que posso aguentar mais."

No meio da prece, o silêncio se fez, e quis abrir os olhos para ver se Airton estava descendo as escadas, mas algo me impediu. Senti uma brisa suave tomar conta do meu corpo e, por vezes, parecia que Sophia flutuava, pois percebia sua voz em vários cantos da cozinha. Quando a prece terminou, mal consegui abrir os olhos, pois me pareciam pesadas as pálpebras, e o meu corpo, suavemente sedado. Sophia continuou em reflexão por alguns minutos e, só depois, pediu-me um copo com água, perguntando-me se não seria melhor verificar como ele estava e que, se estivesse mais calmo, poderia oferecer-lhe aquela água. Não pude deixar de atendê-la. Subi as escadas e verifiquei que Airton chorava, debruçado na cama e, quando estava para voltar, ouvi a sua voz.

– Não me deixe sozinho, Melca! Estou com sede.

Aquelas palavras pareciam vir de outra pessoa e agradeci a Deus enquanto andava até ele.

– Airton, meu esposo, nada tema, pois Deus lhe enviou um anjo e ele ora por você.

– Como pode Deus se lembrar de mim?

– É claro que Ele se lembra! Você é um filho querido para Ele. Então, não percebe que só Ele teria o poder de aliviar a dor e a amargura que estava sentindo? Não se sente melhor agora? Então, foi Ele, o Seu Pai, o nosso Pai! Mas deite-se um pouco, fique calmo e durma para descansar.

Desci e agradeci a Sophia por tudo o que ela havia feito.

– Não, dona Melca, não se faz necessário todo esse agradecimento. Foi o bom Deus quem trabalhou, não eu, e a senhora também orou.

Aquela criança tinha condição moral suficiente para interceder, através da oração, o auxílio para aqueles Espíritos sofredores, digo Espíritos, pois não havia ali só o Airton. Existiam vários que eram companheiros desencarnados dele, atraídos pelo seu comportamento.

A obsessão se fazia presente na estalagem. Airton, como me explicou Victória, era o meu obsessor encarnado, e os outros, desencarnados, obsessores dele.

Sophia já não estava bem de saúde, e os amigos dela me procuraram para dizer que ela tinha febre todas as noites e não permitia que eles me contassem nada. Eu não podia deixar de notar que ela se encontrava fraca e pálida, havia perdido muito peso e que, agora, a tosse era mais intensa. Sabia que era tuberculose, e ela não se alimentava bem, mesmo que as pessoas lhe dessem alimento. Na verdade, todos os dias, eu levava comida para ela e os amigos. Fiquei sabendo, também, que ela dividia o dela com outros que, porventura, aparecessem na hora que o alimento chegava. Levei muitas vezes cobertas lavadas para eles, mas ela sempre cedia metade da dela para algum necessitado. O frio era muito grande no inverno e as chuvas eram terríveis. O padre não deixava os outros entrarem na igreja, só Sophia tinha permissão, mas ela agradecia e continuava com os amigos. Jamais aceitou voltar para a estalagem, não por orgulho, mas, por amor, porque temia que Airton me maltratasse e seria infeliz se isso viesse a acontecer. Eu a compreendia bem, mesmo sendo difícil aceitar.

Riqueza espiritual

Era dez de julho. Sophia havia passado em minha casa bem cedo, me pedindo para orar comigo pelo Airton; eu não entendi bem o motivo, mas aceitei, sem nada falar. Fomos para a cozinha e oramos. Como sempre, a paz reinou através de sua oração. Pedi que ela ficasse para almoçar comigo, mas não aceitou e, agradecendo, disse que iria almoçar com o padre naquele dia. Fiquei espantada em saber que ela almoçaria com o pároco, afinal, ela sempre preferia ficar com os amigos. Até argumentei sobre isso.

– Almoçar com o padre?! Você nunca aceita, prefere ficar como os amigos!

– Bem, dona Melca, hoje preciso muito ter uma prosa com ele.

Fiquei um pouco desconfiada, afinal, não via Sophia como antes. Algo deveria estar errado com ela. Percebi que deveria me esconder alguma coisa, só não sabia que ela estava mesmo era muito cansada e sem forças. As tosses eram intensas e, toda vez que tossia, vinha sangue no lenço, mas para não constrangê-la, preferia perguntar se ela não queria tomar algo bem quentinho, ao invés de perguntar sobre o sangue.

Dona Aparecida, que era uma senhora cega, levava alguns chás com ervas para ela tomar e dizia que um anjo daquele só sofre por missão. Eu concordava, é claro.

– Bom dia, padre!

– Bom dia, minha boa Sophia!

– Padre, posso falar com o senhor um pouquinho?

– Claro, minha pequena! Afinal, que tem para me dizer?

– Sei bem o quanto é generoso, porém sinto-me no dever de pedir que, se algo acontecer comigo, faça aos meus amigos o que Jesus lhe ensinou e o senhor faz tão bem: olhar pelos pequeninos, como se fosse por Ele.

– Mas, Sophia, eu faço isso há muito! – disse o padre, sem humildade alguma.

– Sei disso, senhor. E é por conhecer a sua bondade que me sinto na obrigação moral de ter essa conversa com o senhor, pois me sentiria triste se não deixasse aqueles que eu amo, na proteção de um anjo bom, e penso, padre, que seja o senhor esse anjo bom!

– Ah, Sophia! Fico grato por me ver dessa maneira, e não se preocupe com seus amigos. Nem vou esperar algo acontecer com você para olhar por eles. Hoje mesmo deixarei que todos possam dormir aqui nos quartinhos que não são usados, no fundo da igreja. Afinal, essa igreja é tão grande e o Senhor ficará feliz, não é mesmo? – prometeu o padre, muito feliz e sorridente.

– Sim, padre! Jamais duvidei da sua generosidade! O senhor é um homem bom e Deus o recompensará.

A alegria de Sophia era contagiante. O padre, porém, ficou um pouco desconfiado. Não entendia o porquê de Sophia falar sobre "algo acontecer a ela".

Naquela manhã, o padre foi até o quintal da

igreja onde ficavam os quartinhos e deu uma boa olhada. Viu que necessitavam de uma boa limpeza, que ele mesmo providenciou. Queria mostrar a Sophia que ele era bom.

Sophia não almoçou com o padre na igreja. Foi o padre quem levou comida para todos naquela manhã, e os amigos de Sophia ficaram desconfiados.

À tardinha, Sophia não apareceu na estalagem e vi dona Aparecida passar com uma panela de chá, e desconfiei que fosse para ela. Fui, imediatamente, verificar.

– Olha, Sophia! Trouxe um chazinho bem quente para você. Tome todo ele e tente se aquecer o máximo possível. A tuberculose está tomando conta das pessoas por aqui, e que barbaridade esse frio!

Nesse mesmo instante, eu cheguei.

– Dona Melca! O que faz aqui? – perguntou Sophia.

– Venha para a minha casa! Eu imploro!

– Não posso deixar os meus amigos...

– Ah, Sophia! – disse um deles. – Ficaremos bem, deve ir com dona Melca e, quando estiver melhor, venha ficar aqui com a gente!

– Grata, meus amigos, mas dona Melca entende que não se deve abandonar quem amamos, não é mesmo, dona Melca?

Aquela criança sabia me convencer.

– Pois, então, ficarei com você até a sua melhora – decidi, já me alojando ao lado dela.

– Não senhora, dona Melca! – redarguiu, falando com dificuldade e tossindo muito. – Não pode deixar o senhor Airton sozinho, afinal, o que seria dele sem a senhora? Volte. Eu ficarei bem, penso que é apenas uma gripe forte.

Eu sabia que não era gripe, já tinha tido contato com pessoas tuberculosas e via ali, na minha criança, o quadro da doença, observando também a dificuldade de ela andar, às vezes mancando, num evidente sinal de fraqueza. O padre havia dito para mim que não deveria ficar preocupada, pois ele mesmo cuidaria da menina. E ele parecia ter-se transformado numa outra pessoa, o que me deixou muito feliz, e tinha certeza de que era obra de Sophia.

– Então, voltarei para a sua paz, porque, por mim, eu ficava aqui!

– Sei disso, minha mãe querida!

Eu voltei com lágrimas nos olhos, mas sabia que Sophia não ficaria bem se não a atendesse. Eu não poderia viver olhando a tristeza dela, preocupada comigo.

O padre pediu para que todos entrassem na igreja e assim foi feito. Ele preparou sopa e serviu a todos, porém, Sophia mal conseguia comer. O padre orou pela sua melhora e os amigos, que há muito não oravam, o acompanharam. Os quartinhos estavam prontos e foram se organizar a fim de ter uma boa noite de sono, como há muito não tinham. Tomaram banho, o padre deu-lhes roupas limpas e Sophia ganhou um vestidinho usado e limpinho, que havia sido doação. Era de cor cinza, umas fitas de cor preta na barra, mangas longas e, na frente, sete botões, dois já quebrados. Vestiu-o depois do banho, mas não abriu mão da botinha que ela havia achado no lixo. O padre, então, perguntou:

– Minha menina, não deseja calçar o sapatinho que lhe dei?

– Sabe, padre, amo esta botinha, É como uma amiga que aliviou os meus pés, quando sentia dor em andar descalça. Tenho certeza de que o senhor não abandonaria algo só porque está velho, afinal, ainda me serve! – respondeu, sorrindo e tossindo.

– Está bem, se assim prefere. Agora, irei dormir, e amanhã será um novo dia para todos. Fiquem com Deus!

– Boa noite, padre! – sussurrou Sophia.

Nos outros quartos estavam os seus amigos, cansados das dificuldades e arrependidos de terem destruído suas vidas. Alguns haviam parado de beber, como o Laurinho, outros ainda bebiam, porém, já em menor quantidade.

No dia seguinte bem cedo, Sophia já estava em

pé. Dona Melca havia acordado às quatro horas, para visitá-la, e esperava na porta da igreja.

E assim que o padre abriu a porta, deu de cara com ela.

– Bom dia, padre!

– Bom dia, dona Melca! Acaso não dormiu?

– Me perdoe, mas necessito saber como está meu anjo.

– Bem, a senhora já conhece o caminho, pode ir.

Sophia sentia que dona Melca iria visitá-la, por isso, se esforçou para levantar-se cedo, a fim de não preocupá-la.

– Ah, minha menina! Vejo que está melhor!

– Bom dia, dona Melca. Estou melhor, sim, nem sinto dores, penso que ficarei cada dia melhor.

Melca se deixou levar pelo entusiasmo e não percebeu que havia ali um esforço terrível para Sophia ficar em pé. As pernas dela eram esticadas com esforço, devido à doença, que agora estava nos ossos; algumas vezes andava, para demonstrar força. A felicidade que sentia deixou Melca sem muita percepção. Mais de duas horas se passaram, e Sophia tentava controlar a tosse e, quando percebia que ia tossir, dava uma gargalhada, para dizer que a tosse era de tanto rir. Melca voltou para casa com muita felicidade, agradecendo a Deus por ter aliviado a dor da menina.

O padre, depois que Melca saiu, foi para a cozinha tomar seu café matinal, mas, antes, levou o de Sophia até o quarto. Os outros já haviam saído da igreja assim que acordaram, porque não desejavam ter que ouvir do padre que era só para dormir. Sophia perguntou pelos amigos e o padre contou que não havia mais ninguém nos quartos, o que ela logo entendeu e abaixou a cabeça.

– Padre, muito obrigada pelo que tem feito conosco! Sinto um alívio muito grande em saber que não ficarão sem abrigo nas noites frias.

– Não se preocupe, Sophia, eles sempre poderão passar as noites aqui. Do jeitinho que você pediu. Sabe, mocinha, não sei como Justino pôde fazer tanto mal a uma pessoa como você...

– Não, padre! Justino só fez o que fez, por ser ainda um homem ignorante, que não conhece ainda a bondade de Deus e, então, não consegue colocar em prática esses ensinamentos. Ele apenas reage quando não raciocina. Sei que é passageira essa ignorância e que, um dia, tanto ele como outros, irão avançar moralmente.

– Sophia... – pediu o padre, disfarçando o olhar de admiração pelas palavras ouvidas – Bem, agora, descanse mais um pouco. E quanto a seus amigos, darei permissão para que venham visitá-la, quando quiserem.

No final da tarde, os amigos dela estavam ansiosos para saber como ela estava e foram até a igreja perguntar ao padre se poderiam visitá-la. E ficaram felizes em ver que estava bem acolhida.

A noite caía, Sophia saiu do quartinho e foi até a porta da igreja. Fazia muito frio e ela olhava para os lados, tentando ver se os amigos estavam chegando. E quando os avistou, acenou-lhes e sorriu alegremente.

– Ah, que saudades! – exclamou, abraçando a

todos, e o padre assistindo a tudo, encantado com a ação da menina.

– Sophia, estamos bem, não se preocupe, e, quando se recuperar, pode ficar com a gente!

Sophia sentia que não se recuperaria mais do corpo, mesmo assim...

– É claro que ficaremos bem. Sei que o bom Deus reserva para mim uma vida melhor e aguardo pacientemente.

Todos entraram e, depois de tomar a sopa, foram repousar.

Aquela madrugada foi longa para Sophia, que orava a Deus todo o tempo e pedia forças para não sucumbir diante de prova tão difícil, temendo não ser boa serva do Senhor. Entre tosses e lágrimas, a sua temperatura aumentava cada vez mais e já passava da meia-noite, quando a pobrezinha, ardendo em febre, delirava, chamando por Joana, a sua filhinha. Pedia que Justino não a maltratasse e não parava de repetir: Bom Deus! Bom Deus! Como se estivesse sonambúlica, levantou-se da cama, andou até o salão da igreja, arrastando um lençol de lã, e foi em direção ao Cristo crucificado, beijando-lhe os pés e, sem se dar conta de que estava sendo amparada pela mãezinha e a avó materna, e tendo-as como uma muleta, andou com muita dificuldade até o banco da primeira fila e deitou-se. Sua perna direita já não esticava mais e ambas se encolheram com a dor. O lençol cor de chumbo para nada lhe servia, pois agora estava preso apenas pelos dedos finos da menina, pois todo o resto havia caído ao chão. Era uma cena dolorosa de se ver. Os tremores eram tão fortes, que quase a derrubavam do banco. A assistência espiritual já se encontrava há muito no local. Elias aproximou-se dela, e todos os outros amigos espirituais presentes entraram em oração. Com a mão sobre o centro coronário de Sophia, Elias ministrava forças magnéticas, fazendo com que os calafrios cessassem em poucos segundos. Vinte e cinco minutos depois, a avó materna levantava a cabeça dela e a colocava sobre o seu colo, e Sophia podia perceber, ainda com dificuldade, aquela serva de Deus. E, virando a cabeça, olhou para o Cristo Crucificado e sussurrou:

– Pai, se deseja prolongar por algumas horas a minha agonia, seja feita a Sua vontade! Eu o amo...

E, esboçando um doce sorriso...

– É você, mãezinha, que veio me buscar?

Os laços que uniam o Espírito de Sophia ao corpo físico se afrouxavam, e ela podia ver a mãe que, por todo o tempo, esteve com ela.

– Sim, meu amor, sou eu mesma, tenha coragem, minha amada, que Deus a está preparando para a nova morada. Não tenha medo.

– Não tenho medo, somente sinto felicidade! O bom Deus é meu motivo de viver e a senhora, minha mãe, o meu portal para a Sua morada.

As lágrimas rolavam pelo rosto gélido e pálido daquele anjo e desaguavam no colo de sua avozinha, que lhe servia de travesseiro.

– Em breve, meu amor, estaremos juntas...

– Ó bom Deus, eu temo pelos que ficam exilados na carne!...

– Não tema, Sophia...

– Ó Senhor, sou uma serva inútil, nada fiz para auxiliar meus irmãos! Perdoe-me! Perdoe-me!

E as lágrimas rolavam como pérolas, diante de tanta humildade...

– Mãezinha! Não sou digna de pedir nada ao bom Deus em meu nome, por isso, peço-lhe que interceda pelos meus amigos e a dona Melca, para que ela não sucumba na dor. Sinto-me cansada. Não quero ser filha ingrata, Bom Deus... Bom Deus! Bom Deus! Perdoe-me por ainda lhe pedir algo.

O desligamento estava sendo realizado entre o corpo material e o perispírito, sua avó auxiliava no desligamento e, em breve, estaria liberto aquele Espírito simples, que escolheu viver no calvário, para se iluminar cada vez mais. Estava terminada a missão de Sophia na carne e, agora, o trabalho continuaria para ela no Mundo Maior. Muitos amigos do invisível se fizeram presentes, e ela já podia ver a todos.

Era doze de julho e, às duas horas da madrugada, jazia ali o corpo de Sophia. O salão da igreja era uma alegria entre os desencarnados, pois receber uma irmã que venceu as dificuldades da Terra, com resignação, era realmente maravilhoso. Uma chuva de flores e o aroma de jasmim no ar poderiam ser percebidos até mesmo pelos encarnados, se ali estivessem. Sophia ficaria algumas poucas horas em recuperação e, em seguida, daria continuidade ao que de melhor sabia fazer: amar os filhos de Deus!

Amanheceu, e o padre acordou. Fez suas orações, tomou o seu café e foi levar o de Sophia. Eram exatamente seis horas da manhã. Preocupado por não ver a menina lá, largou a bandeja e foi procurar, pela porta dos fundos, imaginando que ela tinha ido ficar com os amigos, mas não se encontrava lá. Resolveu, então, ir até o salão da igreja, pois, quem sabe, a encontraria, orando, como era de seu agrado.

Entrou pela lateral do salão. Lá estava ela dormindo!

– Sophia, minha pequena, não deveria ter dormido... Sophia, acorde, por favor! Não faça isso conosco, meu Deus!

Tomou Sophia em seus braços e, em lágrimas, clamou:

– Perdoe-me os pecados, Senhor. Lave a minha alma com a dor que sinto por não ter o coração nobre desta jovem que só sofreu na vida e ainda teve, arrancado de seus braços, o seu único alento. Acolha esta filha que só fez amá-Lo e aos Seus filhos, e ensinou-nos a sermos melhores. Tenha compaixão de mim, que sofro pelos meus erros e vivo nas trevas. Perdoe-me! Perdoe-me!

– Padre, já acordou?! – gritava Melca, do lado de fora.

– Ó Senhor, me ajude a dar a notícia.

Andando até a porta, o padre abriu-a lentamente, os olhos avermelhados de chorar pela partida de Sophia.

– O que ouve, padre? Estava chorando? Onde está a minha Sophia?

– Ah! Dona Melca!

E sem conseguir falar, segurou sua mão e a levou até o corpo que ainda jazia no banco de madeira.

– Deus veio buscá-la na madrugada! – deu a notícia, entre soluços.

– Sophia, meu amor! Não posso ser egoísta, pois bem sabia que estava sofrendo, mas como livrar-me desse sentimento, se não consigo viver sem você?! Padre! Faça alguma coisa, ore ao bom Deus para que traga Sophia de volta! Eu imploro, diga-Lhe para que me leve, que já estou velha e para nada sirvo.

E Melca abraçava o corpo inerte, como uma mãe que se despede de sua filha amada.

– Perdoe-me, querida, mas não consigo aceitar! Ai, meu Deus! Que dor terrível!

Naquele exato momento, Sophia, em Espírito, tocou na cabeça de Melca e sussurrou-lhe ao ouvido:

– Eu a amo, estou bem, e não chore mais. Preciso que seja forte, o bom Deus me libertou do cativeiro.

Melca, então, pediu ao padre que a levasse para o quarto, pois iria vestir Sophia para o velório. E assim foi feito. Em seguida, o padre foi até a torre da igreja e tocou o sino quatorze vezes, exatamente a idade de Sophia na Terra. Algumas pessoas vieram ver o que tinha acontecido, afinal, não era festa e muito menos aniversário da Padroeira. Os amigos de Sophia foram também. Logo, a cidade estava sabendo que ela havia desencarnado. Uns, nada sentiram, outros ficaram tristes. Seus amigos receberam a notícia com grande dor, tanto que Mariano, que era o mais velho, quis se embebedar, mas Laurinho não permitiu e o chamou à atenção.

– Como pode querer fazer isso?! Não se lembra das palavras dela?! Pensa que ela estaria feliz vendo você se comportar como um fracassado?! Vá, se quiser! Mas eu lhe digo que não foi o que ela ensinou!

E Mariano sentou-se na calçada da igreja e chorou copiosamente.

Eu peguei a roupa que ela amava muito e que fora dada pela mãezinha quando chegou a Pinheiro Machado. O vestidinho estava limpo, mas remendado, o colete acinzentado estava perfeito, apenas surrado, o xalezinho, que ela usava quando a conheci, estava rasgadinho. Sophia costumava carregar uma caixa com alguns pertences dentro, sendo que um era o vestidinho sempre limpo. Quando andava pelas ruas, ela trajava um vestido muito velho, que havia sido dado pelo Justino, mas este ficara na igreja, quando o padre lhe deu a nova roupa. Apanhei a caixa que se encontrava ao lado da cama, sobre uma cadeira, retirei o vestidinho dado por Júlia para vestir nela, e acreditei que lhe traria felicidade se ela pudesse ver, e não podia esquecer nem mesmo das botinhas velhas. Porém, quando fui despi-la, fiquei horrorizada. Sua perna direita estava tomada por uma ferida muito inflamada e quase não se podia ver o joelho, pois enorme tumor tomava conta da região. Imaginei a dor que aquela pobre criança sentira, sem jamais reclamar. Para mim, foi tão terrível ver aquilo, que me fez sentir vergonha de reclamar da vida que tinha. Não dá para explicar com palavras o estado da perna dela e, provavelmente, a dor que sentia. Hoje, compreendo que ela tinha tuberculose óssea. Então, dando alguns cortes na parte posterior do vestido e costurando da melhor maneira possível, consegui vesti-la. A barra do traje, precisei soltar, tendo em vista que ela havia crescido um pouco. Chorava como uma mãe, pois era assim que me sentia. Ela estava linda e trazia um sorriso angelical. Não trazia nenhuma dor no semblante, somente a brandura, a serenidade dos anjos. Eu a beijei muito e esfreguei seus cabelos da cor do ocre em minha roupa e em meu corpo, desejando que o aroma não saísse de mim. Sentia um perfume de jasmim que parecia impregnar toda a igreja. Só podia ser dela. Algo parecia me sustentar, pois minhas pernas estavam bambas e eu havia enfraquecido muito em um único dia.

E o velório foi feito. Poucas foram as pessoas que ali se uniram pelo amor e todos, sem exceção, eram aprendizes de Sophia. No final do dia, a chuva caiu forte em Pinheiro Machado. Eu não aguentava mais tanta tristeza, sentindo falta dela como sentimos do ar que respiramos. Algumas vezes, a dor sufocava minh'alma.

O tempo foi amenizando a dor das pessoas, mas a saudade era grande. Em minhas orações, rogava a Deus que me desse muita força, como dizia ela, para suportar a partida da única pessoa que me trouxe alegria à vida e um motivo real para viver, porém, temia em não ser atendida. Sophia, repetidas vezes, dizia que Deus não atende sempre as nossas preces, porque pedimos coisas que seriam o nosso prejuízo, e, como eu não sabia a vontade de nosso Pai, algumas vezes ficava pensando o que rogar nas orações, para não ser injusta, com receio de estar tendo a pretensão, ou a ousadia, de ensinar a Deus ou Lhe dizer o que era melhor para mim. Sophia sempre dizia: "Dona Melca, o Bom Deus sabe o que é melhor para os Seus filhos". Eu tinha certeza de que ela tinha, ou melhor, tem razão.

O MENDICANTE

Justino estava morando em outro Estado. Tornara-se um alcoólatra e não passava de um pedinte. O infeliz havia-se destruído por completo, o ódio fazia parte da sua vida, e algumas pessoas diziam que estava louco por ter sido abandonado pela esposa e pela filha. Provavelmente, era isso que ele havia criado em sua mente perturbada.

Eu não estava muito bem de saúde e a fraqueza começava a tomar conta de mim. Airton, pobre infeliz, havia perdido a perna direita, não saía mais do quarto para mais nada, e eu não podia me dar ao luxo de ficar doente, mas parecia que o meu corpo não sabia disso. Quando fui até a farmácia comprar um remédio, para me fortalecer e aguentar o tranco, soube que Justino havia voltado para Pinheiro Machado e já estava sabendo do ocorrido. Eu estremeci. O amigo da farmácia disse-me que o pobre era um farrapo humano, mendigava pela cidade, completamente louco e, algumas vezes, fugia, sabe lá Deus, de quem.

Enquanto eu estava sendo atendida, entrou o

menino da farmácia fugindo de Justino e pedindo para que fosse escondido ali. Eu perguntei o porquê de ele estar com medo, mas nada me disse.

– Maldito! – era a voz do Justino. – Onde está minha esposa?! Você a matou!

E eu saí para verificar com os meus próprios olhos.

– Meu Deus!

Estava irreconhecível, o infeliz.

– Dona Melca, não deixe que ele veja a senhora, sabe lá o que ele pode fazer – me alertava o amigo.

– Não se preocupe, meu filho. Estou velha, mas não temo mais a ira de Justino.

Ele estava barbudo, com os dentes quebrados, a pele completamente cascuda de sujeira. Um antigo mascate foi quem disse que ele estava morando em outro Estado e de sua sanidade comprometida, coisa em que eu não havia acreditado, porém, agora, eu mesma assistia à derrocada dele.

Peguei o remédio e fui para casa. Airton estava deitado e nem se deu conta da minha saída, e foi melhor assim, pensei. Minutos depois, o infeliz entrou em minha estalagem, sentou-se, e eu fiquei quieta, sem reagir. Não sabia o que tinha dado em mim. Pensei que, se um dia eu visse Justino, sentiria tanto ódio dele, que seria capaz de qualquer coisa. Penso que não me conheço. Estava eu diante dele, sentindo tanta compaixão, que não sabia o que fazer e esperei que ele viesse até mim. Aquele homem ali, sentado e chorando, estava tão débil, que não me reconhecia mais. Acho que nem ele mesmo sabia onde estava, como se estivesse vivendo em um mundo à parte, e eu tinha certeza de que era a culpa, pois como dizia Sophia: "a culpa é responsável por paralisar a evolução humana". E pude constatar isso. Pensei, então, o que Sophia faria. E a reposta veio em minha mente, sem que eu percebesse, que era a própria Sophia que estava presente, inspirando-me:

– "É um filho de Deus, digno de compaixão, lembre-se disso."

Senti um arrepio no pescoço e nos braços. Uma vontade me fez caminhar até ele e lhe oferecer um pouco de água.

– Meu filho! – a voz, quase engasgada, saía com dificuldade. – Aceita um pouco de água?

Ele levantou a cabeça e disse:

– Sinto fome!

A mesma vontade, que parecia não ser minha[6], me conduziu até a cozinha, onde, rapidamente, preparei um bom prato e lhe entreguei. Ele comia como um bicho selvagem, bebendo, junto às lágrimas. Entre soluços e o desespero ao comer, balbuciava o nome de Sophia, Júlia, e até mesmo de Joana, a filha roubada dos braços de meu anjo. Aquilo era terrível para mim. Orei naquele instante, rogando forças a Deus, para conseguir aguentar a dor que sentia ao ouvir aqueles nomes. Fui atendida e, então, perguntei-lhe:

– Quem são essas pessoas?

– Minha esposa e minhas filhas! – respondeu-me, engasgando-se com a comida, ao tentar falar. – Elas me deixaram no sofrimento, não me amavam e me abandonaram!

---

[6] Era Sophia, próxima a mim. O desejo de poder ajudar Justino fez com que ela se aproximasse.

E chorou, copiosamente.

– Quem era a sua esposa? – perguntei, já que o infeliz havia dito "minhas filhas".

– Júlia! Júlia ingrata!

– Onde ela está? Pode me dizer?

– Ela botou fogo na casa para eu sair de lá. Queria ficar com a filha, outra ingrata e infeliz, que não reconheceu que eu a amava.

O pobre infeliz havia criado uma fantasia e deve ter mentido tantas vezes sobre o mesmo assunto, que acabou por acreditar na própria mentira.

Aquele homem não falava a verdade, mas comecei a me preocupar com o que dizia. Pensei: "O que será que aconteceu com Júlia? Será que ela voltou para buscar Sophia e ninguém ficou sabendo? Ou o quê?!" Os meus pensamentos me assustaram.

Justino levantou-se, pegou o prato vazio e saiu com ele debaixo do braço. Fiquei olhando e vi quando ele parou em outro lugar e tomou uma aguardente, oferecida por outro infeliz que se encontrava sentado no banco da praça.

As pessoas, em Pinheiro Machado, não se importavam com ele, era como se não existisse. O pobre coitado sofria agora os tormentos do mal que havia causado ao meu anjo. Não falo com alegria no coração, pois acredito na lei de que Sophia muitas vezes falava, a lei de justiça, a lei de "quem planta amor, colhe amor, mas, quem resolver semear dores, colherá o sofrimento".

O senhor Miguel começou, então, a rondar Justino, e eu achava estranho o interesse dele por aquele infeliz insano. Nunca soube que eles foram amigos ou, até mesmo, inimigos. Um dia, Bento veio até a estalagem para ver como eu estava de saúde e me relatou que Miguel havia mandado dar cabo de Justino. Fiquei muito preocupada e lhe perguntei como ele ficara sabendo de assunto tão grave.

– Ora, dona Melca! O Mariano! O bêbado, amigo da Sophia...

– O que tem esse pobre homem com essa história infeliz?

– Ele estava deitado, enrolado num farrapo, no oitão da casa do seu Miguel, quando viu um homem de bombacha sair e, segundo ele, o homem falou que o seu Miguel podia ficar sossegado, pois Justino iria para a terra dos pés juntos.

– Meu Deus! Tenho que falar para o delegado sobre isso!

– Eu não vou dizer nada para ninguém e, se o delegado me chamar, eu nego tudo, dona Melca. Não quero morrer e todo mundo sabe que o seu Miguel é um homem ruim, capaz de fazer muita maldade. Penso que a senhora deveria ficar quieta, também!

– Não posso, meu filho...

– A Sophia não dizia que nada acontece sem a permissão de Deus? Então, se acontecer, é porque Deus permitiu.

– Ah! Meu filho! Percebo que interpretamos as coisas de modo a nos agradar. Lembre-se também, que ela dizia que temos que fazer a nossa parte para aliviar o sofrimento do próximo, mesmo que tenhamos de ir contra todos. Se deixarmos que o mal cresça, seremos culpados diante do Criador por não termos feito nada para impedir.

– Mas, dona Melca, e isso não é impedir a vontade do Criador?

– Claro que não, isso é ir ao encontro de Sua vontade. Sophia não dizia que só sendo bom chegaremos perto dele? Então, tentar ajudar um infeliz sofredor é praticar bondade.

– A senhora disse bem! Um infeliz! O diabo fez aquela linda menina sofrer o pão que o diabo, ou melhor, ele mesmo, amassou! Não sinto pena dele, não!

– Meu filho, peça a Deus que tire esse pensamento de seu coração. Afinal, você mesmo está testemunhando as consequências de tanta maldade, no sofrimento de Justino. Não é Deus que nos pune. Somos nós mesmos, nos deixando levar para o lado perverso que ainda existe dentro de nós. Acaso não viu como Sophia era doce, mesmo com tanto sofrimento? Nós nem mesmo passamos a metade da metade da dor dela, para podermos ter um coração tão duro. Imagine se chegássemos a sofrer daquele jeito. Penso que seríamos monstros! Como o meu anjo dizia: "O bom Deus só nos dá o que podemos carregar".

– É, dona Melca, a senhora tem razão, mas como sou muito covarde e morro de medo de morrer, não pretendo ir até a delegacia!

– Está bem, meu filho. Irei sozinha e falarei com o delegado.

– Ele vai perguntar como a senhora ficou sabendo. O que a senhora vai dizer? Que foi o Mariano que ouviu e disse a alguém e esse alguém veio lhe contar?

– Ah! Meu Deus! O que faço? Já sei! Vou orar e pedir conselho ao Pai.

Bento saiu preocupado, ou melhor, com medo. Jamais faria qualquer coisa para prejudicar alguém, mas não podia deixar Justino ser morto. De minha parte, orei a Deus e tomei uma decisão. Fui até o Justino e lhe perguntei por que não ia embora da cidade, mas o pobre nem me respondia. Ficava parado, me olhando, penso até que nem mesmo sabia que eu estava ali. E, tendo uma ideia, fui até a delegacia...

– Delegado, bom dia!

– Bom dia, dona Melca.

Naquele momento, eu tossia muito e estava ficando com frio.

– Eu gostaria de fazer uma queixa contra Justino.

– Justino? O que ele fez? Afinal, está dementado!

– Bem ele tem-me importunado na estalagem, e o senhor conhece meu marido e sabe que ele nem mesmo sai do quarto, porém fica gritando quando o Justino chega lá para perguntar pela Sophia. Eu preciso que o senhor prenda ele.

– Mas, dona Melca, eu não posso prender o infeliz por isso. Sei que ele está incomodando muita gente aqui na cidade e até já pensei em encaminhá-lo para uma casa especializada nesse assunto...

– Então, é isso mesmo! Faça logo, por favor! Antes que seja tarde!

– Não estou entendendo a sua agonia!

– Não é agonia, mas preocupação. Ele pode começar a dar problemas para o senhor e o povo vai se aborrecer. Afinal, todo mundo anda com os nervos à flor da pele com tanto sofrimento que já houve com as guerras aqui no Sul. Acho melhor ele ir para outro lugar.

– É, dona Melca. Então, vou lhe pedir um favor. Não conte a ninguém sobre esta nossa conversa. Vou hoje mesmo pedir a uns amigos, que são influentes, para me ajudar nisso, e não pretendo que o povo fique sabendo. Assim que estiver resolvida a situação do infeliz, lhe aviso. Mas, por favor, não se esqueça: ninguém poderá saber!

Eu saí dali aliviada e, ao mesmo tempo, tensa, pois apesar de tudo, não queria ver a morte de Justino. Lembrava-me o tempo todo da compaixão de Sophia para com os homens da Terra e queria tentar fazer ou sentir o mesmo. Era difícil, mas, mesmo assim, estava me esforçando. E sentia receio de que o delegado não fizesse nada e o pobre fosse morto pelas mãos, sabe lá de quem!

O RESGATE

– Sophia, é chegada a hora de irmos buscar o nosso irmão Cristóvão, que se encontra em zona umbralina, e como havia pedido para participar desse auxílio, peço-lhe que se prepare, pois iremos daqui a trinta minutos. Sebastião, pai dele, e Elizabete já foram comunicados que, em breve, ele estará conosco.

Elizabete era a esposa de Cristóvão, mulher que, vencedora na Terra, foi morta pelas mãos dos militares e a sua filhinha também. A pobre menina já havia sido socorrida em condições difíceis, mas a revolta era tanta, que fugiu do hospital duas vezes, uma para se vingar dos que abusaram dela, outra, para punir o próprio pai que a havia abandonado. Presa fácil para a legião das trevas, pois o ódio é uma grande teia que prende fácil, e difícil é a liberdade. Ela não aceitava ajuda no momento, vivendo em um casulo de sofrimento. Uma das vezes em que foi amparada, foi a própria Sophia que, ainda vivendo na carne, deixou o corpo em repouso, durante o sono, e intercedeu por ela. Os encarnados podem, de acordo com o seu nível moral, continuar trabalhando pelo bem, como faziam antes de saírem do mundo espiritual, e Sophia era e é uma missionária, a serviço do Senhor, em zonas de desespero. Foi ela mesma quem veio até o senhor Francisco e pediu para que intercedesse pela pobre jovem, que havia sido violentada, e seu corpo, cruelmente dilacerado pelas mãos de militares. Todas as solicitações de resgate são estudadas com carinho, e com a de Sophia não seria diferente. Na segunda vez, o próprio senhor Francisco foi buscar a jovenzinha, que jazia nos pântanos sombrios da dor. Seu estado era de loucura. Internada em hospital acolhedor, conseguiu reconstituir o corpo perispiritual, ficando, após longo período de tratamento, com a sua genitora em uma casa na colônia. Dias depois, sem se conformar com o que havia acontecido, mesmo sendo aconselhada a não pensar na hipótese de sair dali, pois não era seguro, Alice foi em busca da dor, retornando mais tarde, quase em estado semelhante ao anterior. A pobrezinha continuava rancorosa, odiava o pai e acreditava que ele era a causa da sua agonia.

Tempos depois, estava ela, ali, obsediando o infeliz, que já se martirizava sem precisar de mais ninguém para fazer isso. Só o deixou em paz quando ele conheceu Sophia. Foi aí que Alice percebeu a força moral da menina e não mais ficou junto ao pai e agora sofre por não se julgar digna de ser amparada mais uma vez. Sophia fez com que ela compreendesse que Cristóvão, também pela covardia de ter abandonado a família para se livrar de inimigos poderosos, capazes de qualquer coisa, inclusive de levar à morte a esposa e a filha amada, já se punia o suficiente. Esse foi o motivo de ele ter-se afastado delas, deixando-as para trás, acreditando que, se desaparecesse, ou melhor, fosse um desertor, iriam atrás dele, deixando os seus familiares em paz. O pobre Cristóvão não imaginou que um dos chefes inimigos nutria doentia paixão por Elizabete e que, por ter sido duramente rejeitado, praticou, como punição, a violência contra uma jovem pura, matando também sua filhinha, diante de seus olhos. Não suportando o que havia presenciado, disse ao infeliz que Deus o puniria com a derrota e a morte. E o desajustado homem tomou a espada com ira e lançou-a contra o pescoço de Elizabete. Ela e a filha foram levadas de imediato para um hospital do espaço. A filha passou muito tempo desacordada, mas, quando despertou de profundo sono, não se deu conta de onde estava e não entendia como podia estar morta se ainda podia sentir dor e falar com outras pessoas. Tudo foi esclarecido, mas nem todos aceitam a morte do corpo material, e ela era uma delas.

Quando percebeu que estava viva, acreditou que pudesse voltar para se vingar. Elizabete tudo fez para conter a dor da filha amada, porém Alice não permitia justificativa e, sempre muito ríspida, dizia: – Não foi a senhora quem sofreu! – E a mãe, sempre carinhosa, compreendia a dor da filhinha. Alice não sabia o quanto Elizabete sofrera.

– Senhor Francisco, estou pronta, vamos?

– Vamos, sim.

Todos ali, Sophia, Francisco, Enéas e Luciana, proferiram uma prece.

"Ó Deus! Que a Sua luz e compaixão sejam derramadas sobre os nossos irmãos que jazem nos pântanos das sombras. Fortaleça-nos para que possamos, em Seu nome, ir ao encontro de Cristóvão. Permita-nos, Senhor, o resgate, alivie as dores de Seu filho, através dos fluidos que lhe serão ministrados por nós. Nos oculte dos que desejam a infelicidade. Renove os pensamentos sombrios do nosso querido irmão Cristóvão, a fim de facilitar a nossa tarefa. E se for do Seu desígnio, permita-nos amparar mais irmãos. Sempre sendo feita a Sua vontade, antes que a nossa".

Depois de tão bela prece, foram ao trabalho na zona de sofrimento.

No caminho, avistavam-se Espíritos sofredores, aos choros convulsivos, alguns dementados, outros revoltados, chegando, mesmo, a se infelicitarem com a nossa presença. Ouvimos duas mulheres e um homem dizer, aos gritos, que não podíamos tirar ninguém dali, porque todos eram pecadores e não merecedores de ajuda. O trabalho nessa área é sempre doloroso, pois ver irmãos infelizes e arrependidos pelas escolhas que fizeram na Terra, outros, se culpando, pelas mais diversas causas, a consequência é uma só: a dor.

Subimos uma elevação onde, atrás, encontravam-se vários infelizes fugindo de um lado para o outro. Fugiam de mentes doentias que capturavam os mais fracos, levando-os para zonas ainda mais profundas de dor e, dentre eles, estava Cristóvão. A sua filhinha se encontrava presa, como se fosse uma árvore enraizada e, apesar de bem perto dele, ambos não conseguiam se ver. Ele, em atmosfera fluídica de culpa, ela, aprisionada pelo desejo de vingança. Chegamos primeiro até Alice, paramos, e Sophia foi lhe oferecer ajuda mais uma vez.

– Alice, minha irmã, rogue a Deus forças para enfrentar o mal que a acomete! Não deseja sair de lugar tão infeliz? Ainda não consegue discernir que sofre por desejar vingança? Não percebe o quanto está se aprisionando, que é vítima da sua vontade infeliz? Aceite, Alice, que o seu pobre pai não a abandonou, que apenas desejou a sua felicidade, fazendo uma escolha errada. Enquanto preferir o mal, sucumbirá ainda mais. Clame por Deus e Ele lhe restituirá a paz que há muito foi consumida pela sua revolta. De nada adiantará a sua vingança contra seu pobre pai, pois é a si mesma que maltrata. Compreenda que os seus pensamentos criam raízes infelizes, aprisionando-a em solo de dor. Clame pelo bom Deus! Ele a aliviará!

– Saia daqui! Não preciso da ajuda de Deus algum!

Nesse momento, o pensamento de Alice criou, de um dos seus braços, uma espécie de tentáculo que iria se prender ao chão. Foi quando Sophia lançou um jato de luz de onde surgia o terceiro membro que se prenderia ao solo, fazendo com que o mesmo se encurtasse e Alice, olhando com pavor, gritou:

– Não me prenda mais, por favor!

A pobre menina estava em pânico, em ver a força do amor de Sophia.

– Perceba, Alice, quanto o bom Deus é misericordioso, me concedendo fluidos para libertá-la da sua insensatez. Chame por Ele, Alice! Chame por nosso Pai, que é magnanimamente justo e misericordioso!

Depois, seguiram ao encontro de Cristóvão.

– Deus! Tenha compaixão de mim, alivie a dor da minha culpa, concede-me amparo, pois não aguento mais tanta dor! Permita que eu possa reparar o mal que causei aos que tanto amo!

Cristóvão não parava de rogar auxílio a Deus, entre choros e soluços. Percebi, naquele momento, que a culpa, para uns, levava à revolta e ao ódio, enquanto que, para outros, ao arrependimento sincero.

– Cristóvão! Sou eu, Sophia, estamos aqui para libertá-lo da dor. Não fale mais, apenas continue pensando e pedindo a Deus, sem desespero, que Ele o auxiliará.

Cristóvão desfalecia quando foi amparado por dois assistentes do amor, que o colocaram deitado em uma maca, cobriram-no e, em seguida, ministraram-lhe fluidos calmantes, fazendo-o adormecer. Depois, levantaram a maca do chão e foram andando até desaparecer da vista dos moradores daquele infeliz lugar.

A MINHA DOENÇA

– Bento, eu sei que posso morrer, estou muito doente! Esta tosse está cada vez pior, e agora sinto muito frio na madrugada, passando mais tempo acordada. Não dou conta da estalagem e, por isso, estou perdendo clientes. Já não consigo cozinhar como antes, sinto muitas dores no corpo e me canso muito. Não sei o que será de Airton, se eu morrer! Gostaria de lhe fazer um pedido...

– Pedido, dona Melca? Mas...

– Escute primeiro, meu filho, sei que tem um bom coração e já foi abandonado, por isso, sabe o quanto é triste viver sozinho...

– É verdade, dona Melca! Fui criado no mato como cachorro sem dono, mas não tenho raiva da minha mãe, não, pois sei que a pobrezinha deve ter sofrido muito e, quem sabe, até morreu de tristeza!

– Isso mesmo, Bento! A pobre mulher deve ter sofrido horrores por ser obrigada a deixar para trás o filho que tanto amou, ou melhor, que ainda ama. Mas penso que deva perdoar dona Maria, que era proprietária da sua mãe...

– Ah, dona Melca, soube que a pobre infeliz vivia apanhando do esposo, o senhor Juvêncio, e que foi obrigada a fazer o que fez. Algumas pessoas diziam que ele podia até mesmo ser o meu pai, pois a minha mãe era uma negra bonita e o senhor Juvêncio dormiu muitas vezes com ela... Como dizem: escravo não tem direito a nada!

– É, meu filho, Deus vai dar um jeito nessa situação. Bem, como eu estava falando... Queria lhe pedir que, se eu vier a morrer, não deixe Airton sozinho. Fique morando aqui, ele nem vai ficar sabendo. Vou dizer para todo mundo que contratei você para tomar conta dele e que agora ficará morando conosco...

– Mas...

– Não, meu filho! Não me negue esse favor. Sei que não tem ninguém e meu marido não deve viver muito. O pobre está tão doente, que talvez vá primeiro que eu, sem contar no juízo, que já foi consumido com o materialismo dele. Não fala coisa com coisa. Vive na cama e nem sabe que sou eu quem lhe leva a comida. Penso que já não reconhece ninguém. Até podemos fazer um teste agora... Por favor, Bento, suba comigo e fique na porta do quarto, observando. Eu lhe peço: não me diga não!

– Está bem, dona Melca. Subirei com a senhora e, se ele não me reconhecer, eu fico.

– Obrigada, Bento! Que Deus o ampare.

Subimos, o Bento ficou próximo à porta do quarto. O pobre do Airton estava falando tanta besteira, que nem percebeu que eu estava ali.

– Airton, deseja um pouco de água?

– Onde está Melca, aquela preguiçosa?! – perguntou, com a voz atordoada, sem me reconhecer.

– Estou aqui, Airton. Vim trazer um pouco de água para você.

Então, pedi a Bento que entrasse no quarto. Ele entrou meio desconfiado, e lhe dei a caneca para ele entregar ao meu esposo. Trêmulo, o rapaz passou a caneca para ele beber. Meu marido tomou da mão de Bento, sem nem mesmo saber quem estava lhe dando a água.

– Ah, dona Melca! Quase morri de medo!

– Ele não pode fazer nada contra você, meu filho. Fique morando aqui conosco, por favor!

– Não sei não, dona Melca! Afinal...

– Nada de afinal, e se não for pelo Airton, que seja por mim.

Bento pensou um pouco e, por fim, decidiu:

– Está bem, ficarei. Preciso pegar as minhas coisas e, amanhã, venho para trabalhar aqui e serei pago com moradia e comida. Se a senhora aceitar assim, ficarei! Se não aceitar... Então, não poderei morar aqui.

– Eu aceito, meu filho. Irei lhe mostrar como tudo isto funciona, onde ficam os meus documentos e os da estalagem. Amanhã, lhe mostrarei tudinho!

Eu estava muito feliz, pois poderia morrer sossegada. Bento era um rapaz muito bom, sempre prestativo para muitos na cidade, e não havia muitas pessoas que o olhassem como um imprestável. Ele merecia ter uma casa. Se Deus tinha permitido que Airton ficasse daquele jeito, devia ter um motivo, e se eu tivesse que morrer primeiro que o pobre infeliz, seria justo que quando ele também partisse, como dizia Sophia, "para um mundo melhor", se é que eu e ele seríamos dignos de um lugar melhor, também era justo que Bento ficasse amparado.

E Bento ficou conosco, ajudando-me, por demais, com as tarefas da casa. Eu lavava as roupas a contragosto dele, que aprendeu a cozinhar muito bem e já fazia o almoço da casa. A estalagem não estava nada bem, pois o dinheiro que entrava não dava para muito; a crise, oriunda das guerras, havia prejudicado muito o comércio e ainda nada havia voltado ao normal. Eu mesma não sabia se Airton tinha algum dinheiro guardado. Tudo o que ouvia dele era: "não pegue o meu dinheiro, ele é meu, só meu"; às vezes, acreditava ter algum guardado, ou melhor, escondido, mas, mesmo assim, não era meu, e não tinha o direito de reclamar. Bento era como um filho, mas eu não conseguia parar de sofrer por não ter mais Sophia perto de mim. Em muitas noites, eu sonhava com ela, que me dizia para não chorar mais e que, em breve, estaríamos juntas. E eu acordava feliz. Queria estar junto dela, se fosse possível, mas logo, o meu pensamento egoísta era expulso da minha mente. Não podia pensar assim, afinal, o pobre do meu marido estava ali sofrendo muito e eu me sentia ingrata com Deus, parecendo fugir da minha responsabilidade.

– Dona Melca, penso que a senhora deveria

parar de trabalhar um pouco. Vejo que não está bem – disse Bento, preocupado.

– Melca, mulher preguiçosa! Vai me deixar com fome? – gritava Airton.

– Já estou indo! Já vou subir, homem de Deus!

– Deixe, dona Melca, que eu levo o prato dele.

– Não, meu filho, essa é tarefa minha, muito obrigada.

Mas quando estava subindo com o prato em uma bandeja que havia sido de minha mãe, avistei um homem no topo da escada e, assustando-me, caí escada abaixo.

– Meu Deus! Dona Melca! Acorde, acorde!

Era Bento, dando tapinhas em meu rosto para me trazer à realidade. Não quis contar a ele o ocorrido, com medo de deixá-lo impressionado.

– Está tudo bem, meu filho, ainda bem que escorreguei no terceiro degrau da escada! – disse-lhe, tentando aliviar a sua agonia.

– Vou chamar o farmacêutico para ver a senhora!

– Não precisa, vou ficar bem. Leve, por favor, outro almoço. Vou me deitar um pouco.

Estava tonta e com medo. Não sabia quem era aquele homem que vira no topo da escada e que, no momento, sentira um arrepio que paralisou as minhas pernas. Desse dia em diante, comecei a ficar mais tempo com Airton no quarto, rezando. Sabia que só podia ser alma do outro mundo e eu não podia compreender coisas que não saberia explicar. Hoje, sei que Airton se unia a forças invisíveis, companheiros de atitudes infelizes, e aquele que eu vira teria sido apenas um deles. Deveria haver muitos lá em cima, mas não podiam sair de lá, por haver uma proteção, invisível aos meus olhos, de um lado ao outro do topo da escada, como se fosse uma barreira, que os impedia de locomover-se pelo resto de minha casa. Era uma proteção para mim e, também, para o Bento, porque não agíamos como Airton e orávamos constantemente, solicitando proteção a Deus. Família é uma bênção, e nenhum filho Seu fica sem proteção, a não ser que escolha conviver com o mal. Deus não nos obriga a nada, permitindo, através do livre-arbítrio, que façamos as nossas escolhas. Não somos mais crianças espirituais, muito menos ignorantes, como no princípio, pois já tivemos muitas vidas, e tudo o que vivemos se encontra arquivado em nossa mente espiritual. Experiências de que podemos fazer uso a qualquer momento, em nosso beneficio, como também, usá-las para o mal. A escolha é nossa, porém, com certeza, até um determinado limite. Dessa forma, não temos livre-arbítrio total, como muitos hoje imaginam.

E eu não era mais a mesma. Tossia muito, suava frio, e as madrugadas eram longas. Eu orava ao Senhor para que, se fosse possível, Airton partisse primeiro que eu, não por egoísmo, apenas porque sentia muita pena, e ele necessitava mais de mim do que eu dele. Coloquei um colchão no canto do quarto, pois não conseguia dormir com Airton, pelo fato de ele se debater muito, pelos pesadelos que tinha. Chorava, gritava, parecia estar sendo massacrado, e eu não aguentava ver seu sofrimento. Quando eu dormia, e eram raras as vezes, via Sophia sorrindo para mim. Então, nos abraçávamos e conversávamos, só que, quando acordava, não conseguia lembrar-me de como teria sido o sonho. Somente sentia que Sophia se encontrava ali, consolando-me, e, talvez, preparando a minha partida para breve. De toda forma, se alguém me perguntasse, após o meu despertar, se eu havia sonhado e como havia sido esse meu sonho, somente poderia dizer que sonhara com meu anjo.

Numa noite, Bento acorreu até meu quarto, porque eu me encontrava delirando muito.

– Sophia, meu anjo, perdoe a minha covardia!

E Bento tentava me acordar, falando comigo e segurando a minha mão.

– Dona Melca, Sophia não tem motivo para lhe perdoar, a senhora era boa com ela. Não acredito que a menina tenha raiva da senhora

– Eu te amo, Sophia! Leve-me com você...

– Não, dona Melca, a senhora não vai. O que será de mim se a senhora for? Meu Deus, peço que negue o pedido dela!

O pobrezinho, ao meu lado, aflito, não sabia o que fazer. Não tinha dinheiro para chamar um médico e colocava compressas em minha fronte para abrandar a febre. Fazia chás e mais chás. Tratava-me como podia. Dividia-se em me ajudar e cuidar de Airton.

Sophia também cuidava de mim, não me deixando sozinha. Conversava com ela, em agonia. Os laços que me prendiam ao corpo físico estavam frouxos, devido ao meu estado de saúde e, por isso, eu podia presenciar algumas cenas do mundo invisível, e a melhor de todas era poder ver e sentir o meu anjo. A saudade que eu tinha aumentava a minha doença, abaixando a imunidade do meu organismo. Isso acontece com todos os encarnados que, quando magoados por algum motivo, devem elevar seus pensamentos, ter fé e resignar-se, a fim de não prejudicarem ainda mais o corpo que já não está bem.

Era uma manhã de quinta-feira e Bento havia saído para buscar folhas para fazer chá, na tentativa de diminuir a minha tosse, que sempre vinha acompanhada de sangue. Eu precisava passar por tudo isso, na verdade, até para ajudar ao Bento. Se não fosse a minha doença e a de Airton, ele continuaria a viver na rua. Cabia a mim, naquele momento, tomar uma atitude ou, como posso dizer, fazer uma escolha enquanto podia. E eu a fiz, para não deixar o pobrezinho desamparado. A casa havia sido de minha mãe e eu havia pedido ao doutor João, antes de ele desencarnar, sem que ninguém soubesse, que procurasse saber como eu poderia deixar tudo para o Bento, em caso de minha morte e da de Airton. O doutor João dissera que meu marido teria que concordar. Como sabia que ele jamais concordaria, fiz algo de que não me arrependo. Foi o doutor João quem preparou um documento em que dizia ser Bento filho de uma escrava com Airton e que eu sabia de tudo e aceitava a condição do garoto, dentro do meu lar. Então, sem que meu marido percebesse, fiz com que ele assinasse o papel. Ele tinha o hábito de escrever o nome dele em tudo que era lugar, pensando que era um jeito de acreditar na posse das coisas que tinham o seu nome. E eu menti para ele, dizendo que no documento da casa só constava o meu nome. Nesse momento, retirando com violência a folha de papel da minha mão, assinou o seu, jogando-a aos meus pés, dizendo-me:

– Pois agora é minha!

Apanhei a folha e a levei para o doutor João e tudo foi feito. E foi assim que eu fiz para não partir, deixando tudo o que era de minha mãe para o vento. Havia alguém necessitado e cabia, a mim, tomar uma decisão.

Oficina de trabalho

À NOITE, QUANDO DAVA POR ENCERRADOS OS trabalhos da clínica, sempre com a ajuda de uma jovem órfã, de nome Elvira, Pedro, antes das refeições, banhava-se e se trocava para, em seguida, preparar-se para uma oração. Desde muito cedo, o doutor João havia-lhe ensinado o hábito salutar de orar antes das refeições, agradecendo pelo dia de trabalho e pela ajuda de Deus. O culto em casa de Pedro consistia na leitura de um capítulo da Bíblia, na parte do Novo Testamento, após o que, cerrava os olhos para refletir sobre o que havia lido. Depois, fazia uma refeição mais completa e ia dormir.

E todas as noites, ao deixar o corpo físico em repouso, ele dava continuidade ao trabalho de assistência, agora a encarnados que, desprendendo-se do corpo, durante o sono, eram encaminhados para a mesma salinha de seu consultório, a fim de tratar do corpo espiritual, grande parte deles com processos obsessivos, vítimas do egoísmo, do orgulho, da vaidade, ou seja, de suas paixões inferiores. Também oferecia assistência a desencarnados, às vezes, obsessores, trazidos para esclarecimentos evangélicos, outros, obsediados. Talvez se perguntem, como já perguntei a Sophia, e com espanto, como pode um desencarnado ser obsediado? Na verdade, a obsessão pode ser também de encarnado para desencarnado, pois muitos, que vivem na carne, desejam intensamente a presença de alguém que já partiu. São pessoas que vivem chorando pelos que já partiram, não conseguindo aceitar a morte do corpo físico, por não compreenderem que a vida continua e que, em breve, se reencontrarão com os entes amados. E, assim, atraem, muitas vezes, para dentro do lar, os que estão chamando, e muitos abandonam o lugar onde se encontram em tratamento para atender ao chamado, caindo em sofrimento ainda maior. Familiares, sem saberem, acabam causando dor nos que partiram, pois alguns não conseguem voltar para o hospital ou colônia, onde se encontravam, caindo nas armadilhas da saudade e tornando-se presas fáceis de Espíritos inferiores. Há também encarnados que, de modo impensado, tecem comentários maldosos sobre desencarnados, principalmente sobre o tipo da morte deste e, quando o caso é suicídio, tudo se torna ainda mais penoso. O próprio infeliz que desistiu de viver não necessita de lembranças dolorosas, a zona de dor onde se encontra já é suficientemente penosa. Outros continuam com mágoa dos que jazem no mundo invisível, emanando vibrações de ódio, aprisionando esses desencarnados, muitas vezes, dentro do seu próprio lar. Sem compreenderem que são vítimas de seus desejos e ódios, constroem para si um lar perturbado, as dificuldades se tornam cada vez piores, e a dor fará parte desse cenário doméstico. Enfim, a oração é o único remédio para as nossas dores, por isso, oremos pelos que amamos e principalmente pelos que nos odeiam e nos caluniam.

E, no plano espiritual, onde Pedro se encontrava durante a emancipação da alma...

– Olá, Pedro! Hoje parece que tem mais gente para ser atendida – comentava Elias, olhando para os lados.

– Bem, então, vou para o meu posto – respondeu Pedro, dirigindo-se para a porta da sala, começando a auxiliar no direcionamento dos encarnados que chegavam após deixar o corpo físico em repouso e eram trazidos, muitos deles, por familiares, que os amparavam, e outros, chegando sozinhos.

– Boa noite, dona Genoveva!

– Boa noite, Pedro!

Dona Genoveva era uma tia solícita, senhora de caráter nobre, católica cristã em seus princípios morais, que acompanhava a sobrinha querida para o tratamento da obsessão, pois sofria com perseguições espirituais. Quem eram eles?! Cobradores do pretérito, certamente. A maioria de nós nos encontramos, de algum modo, comprometidos e endividados com outras criaturas. Mudamos o corpo físico, mas se não mudarmos as atitudes, a atmosfera psíquica negativa que nos envolve, como um manto, chamará a atenção dos Espíritos que nos rodeiam, fazendo-nos ser descobertos por inimigos, em quase sua totalidade, vítimas de nós mesmos no passado. Esses são os chamados cobradores de dívidas dolorosas. Essa atmosfera psíquica é uma espécie de impressão digital. Muitas vezes, somos encontrados por não modificarmos as atitudes, outras, por atrair, com atitudes infelizes, novos irmãos sofredores. Lei de atração.

Deus nos permite usufruir de oportunidades novas para estimular o nosso progresso espiritual, mas, por vezes, não as aproveitamos, jogando-as fora e contraindo novos débitos. Nosso lar é lugar de reencontro entre almas endividadas, reencontro esse planejado por Deus, diante de nossas necessidades, com a finalidade de cumprirmos promessas, feitas no plano espiritual ou, mesmo, de oportunidades de aprendizado. E assim, muitas vezes, recebemos, como filhos, aqueles que mais prejudicamos ou pelos quais fomos prejudicados, pois só na condição de pais poderemos amá-los o suficiente para aprendermos a perdoar ou sermos perdoados. Voltando na condição de filho, muitas vezes será um filho rebelde, devido ao arquivo mental que traz resquícios do mal que foi causado pelos pais, em anterior encarnação. Marido e mulher, que se desrespeitaram, podem se reajustar como pai e filha.

E essa moça, trazida por Genoveva, não era vítima, mas trazia no corpo físico e perispiritual as marcas de atitudes equivocadas da última encarnação. Sofria de paralisia cerebral, vítima dela mesmo, agindo sem fé, tentando se libertar dos problemas que são os nossos meios de aprendizado, para a nossa evolução. Planejou a sua partida para um mundo melhor através do enforcamento; ledo engano. O arrependimento, ainda no momento do desespero com a sufocação, plasmou, com a dor, amargura e culpa, a própria atmosfera fluídica que a levou para lugar compatível com entidades que buscam, na fuga do corpo físico, a solução para os seus problemas. Estava ela de volta à carne, sofrendo de uma doença causada por ela mesma. Através da lei de ação e reação, algumas doenças têm causas nas ações passadas, e nada mais são do que reações. Agora, ali paralisada, seus supostos algozes eram trazidos pela benfeitora encarnada. Nesse momento, Pedro disse a dona Genoveva:

– Sente-se, que logo será atendida.

– Obrigada, Pedro.

Os irmãos sofredores desencarnados que se encontravam ali eram conduzidos um a um, por Elias, a uma sala separada. Um diálogo fraterno dava início ao assunto, e o primeiro a entrar veio acompanhando uma senhora de cinquenta e poucos anos.

– Meu irmão – Elias falava com voz firme e pacífica –, eu conheço bem a sua mágoa e vejo que não conseguiu ainda se libertar desse fardo pesado, que o arrasta para o fundo dos pântanos da dor. Perceba, meu irmão, o quanto sofre, e olhe para o seu corpo, que ainda sangra e dói, que não tem melhora, exatamente por continuar com essa sua infundada perseguição. Aceite a nossa ajuda e se liberte dessa dor!

Do lado de fora, uma senhora, desprendida da matéria, era colocada em uma maca e levada para outra sala, onde seria atendida com passes magnéticos. Era visível a quantidade de líquido viscoso retirado do corpo da pobre mulher. Enquanto isso, uma voz suave surgiu de todos os cantos da casa, numa prece doce e cálida, voz que eu bem conhecia, pois era do meu anjo, liricamente orando. A senhora, por sua vez, gemia em agonia. A pobre mulher não se permitia muito a ajuda, sentindo mágoa dos perseguidores, como se fossem eles os culpados de sua destruição. Eu procurava assistir a tudo, sem me deixar levar por pensamentos menos felizes, apenas observando o trabalho, em silêncio e oração.

– Estamos cobrando reparação pelos danos sofridos! – dizia a voz do primeiro atendido, com muita raiva, mas não se exaltando muito, devido à superioridade moral do benfeitor.

– Entendo a sua dor e os seus motivos, mas compreendo que o seu desejo de vingança o arrasta ainda mais para longe de Deus. Não ganhará essa batalha, querido irmão. Somente Deus poderá libertá-lo desse sentimento destruidor. Não percebe a misericórdia do nosso Pai Celestial? É por amá-lo, que nos permite auxiliá-lo...

– Não é por amor a mim! – continuava, revoltado. – É por amor a essa infeliz, que destruiu a minha vida...

– Não, meu irmão, quem mais sofre é você. Não percebe que ela teve outra oportunidade de reparar o mal que lhe causou? Está de volta ao corpo físico, agora. Não percebe o quanto a pobre infeliz já sofreu e sofre com as chagas que traz?

A referida mulher trazia o corpo escamoso, uma doença conhecida como fogo selvagem. Tentara, em vida anterior, ficar com a fortuna do atual perseguidor, deixando sua família em condição de amargura. Não conseguindo de todo o seu intento, ateou fogo em seu próprio corpo, em um ato de insanidade.

– Ela tem o que merece e, ainda é pouco!

O ódio se fazia vivo naquele homem.

– Penso que não precisa ser você o instrumento para a destruição de alguém que, por si só, já fez isso. A nossa irmã luta na carne para reparar o mal causado. Não percebe que ela e a tia ajudam seus dois filhos, que ficaram desamparados?

Aquelas palavras fizeram o algoz refletir, mentalizando o rosto das crianças, com a ajuda de Elias, sem que soubesse. As imagens dos filhos do coração estavam, agora, plasmadas em sua mente. Doce lembrança. Uma voz se fazia ouvir na mente do pobre perseguidor: "pai, perdoe, ela nos ajuda", e o infeliz colocou as mãos sobre o rosto e chorou. Nesse exato momento, a mulher perseguida por ele foi trazida até aquela sala e, diante do suposto algoz e, amparada por Sophia, implorou, de joelhos, o perdão. Estava ali um trabalho realizado com êxito. Não se liberta a vítima da obsessão sem a libertação do perseguidor e o arrependimento sincero dos que, equivocadamente, chamamos de "vítimas". Sophia esclareceu:

– A jovem poderá ter uma vida melhor, se desejar.

– Então, ela poderá ficar curada da doença? – interroguei, para melhor compreensão.

– Ainda não, da doença. Mas pode se libertar para sempre de influências devastadoras. Quanto à doença, querida Melca, é um remédio necessário para a evolução da nossa irmã e de tantos outros em situações semelhantes. São chamadas de doenças cármicas, mas a verdade, é que são reações das ações praticadas, de acordo com a lei de ação e reação ou causa e efeito. No caso da jovem, o suicídio violento, ateando fogo no próprio corpo, causou um traumatismo perispiritual e mental muito intenso e, consequentemente, doloroso.

Ela terá que se resignar com a doença, a fim de não cometer um novo suicídio, tendo que conviver com essa aparência, e deverá resignar-se a fim de não destruir, através de vibrações negativas, de raiva e de revolta, as células sadias que lhe restam, no chamado suicídio inconsciente...

– Sophia, só esse tipo de suicídio pode acarretar essa doença cármica?

– Infelizmente, não. Todos os suicídios acarretam prejuízos diversos no corpo perispiritual. No caso de suicídios violentos, pessoas que se precipitam sob as rodas de um automóvel ou trem, ou ainda, qualquer veículo móvel, os que também se lançam em quedas livres de grandes alturas, prejudicarão intensamente o corpo perispiritual que, só através da resignação, trazendo consigo algumas doenças e ou deformações, poderão libertar-se da pena ministrada pelas leis de causa e efeito. Ninguém tem o direito de atentar contra a própria vida, tendo o dever de preservá-la. Está aí a lei Divina de preservação. As consequências são terríveis para aqueles que se suicidam, apesar de cada caso poder possuir as suas atenuantes, mas, de qualquer maneira, provas expiatórias e de aprendizado serão necessárias para o caminho da evolução. Boa parte dessas provas, vividas por nós, somos nós mesmos quem as escolhemos. Então, como podemos desistir daquilo que nos serve como aprendizado e enriquecimento moral?

Sophia me esclarecia sobre tudo e eu compreendia agora muito mais facilmente que antes. Meus conhecimentos de vidas passadas estavam libertos, o véu da carne, agora, não era mais um obstáculo, e me sentia feliz por poder estagiar nesses trabalhos. Com o passar dos anos, e olhe que foram muitos até chegar à data atual, descobri que, em vidas passadas, já trabalhei auxiliando pessoas, não só na carne como em Espírito. Por esse motivo, tenho a permissão de acompanhar para aprender, ou melhor, aperfeiçoar os meus conhecimentos. Sempre que possível, sou convidada a participar desse trabalho em casas que, na crosta, são verdadeiras oficinas, ou melhor, conexas com a colônia "Casa do Amor", onde moro hoje. Pude relembrar o porquê de viver com Airton. Eu havia sido sua mãe em encarnação anterior e o amimei tanto, que o estraguei, pelo fato de ser filho único. Meu esposo era o Enéas e, após a volta do meu marido para o plano espiritual, me vi sozinha e quis suprir a carência do meu filho, pela falta do pai, com mimos, fazendo tudo errado. Enéas era um ótimo pai, que ensinava princípios morais e eu participava dessa maravilhosa educação. Às vezes, era ríspido, mas com amor, e não permitia desperdícios e extravagâncias, mas o menino não entendia isso e se sentia frustrado e infeliz, pois era um Espírito endurecido que veio para nós como tutelado, na esperança de ser conduzido por mãos amorosas de pais lhe ensinando os bons costumes, respeitar a sociedade e a família, acima de tudo. Estava indo muito bem, quando Enéas voltou para casa no mundo invisível, e tive pena do menino, colocando tudo a perder. Agora, estava eu ali, revivendo na carne a falta da minha perseverança no bem. Era justo que apenas eu revivesse tudo com Airton, e Enéas não, afinal, fui eu quem errou e não ele. O desrespeito que eu vivi nesta última encarnação, tendo o meu antigo filho na condição de marido, foi reflexo dos meus próprios ensinamentos no pretérito. Sem perceber, mostrei, com atitudes equivocadas, que o pai estava errado, desrespeitando os ensinamentos de Enéas e prejudicando nosso próprio filho. Resgate, sim! E justo.

Naquela noite, foram atendidos vinte e seis encarnados, alguns suicidas que traziam chagas, demências, deformações, e o número de desencarnados assistidos era quase o dobro. Alguns dos encarnados eram geralmente acompanhados por mais de um obsessor. Aquilo me fez pensar e compreendi que as nossas ações equivocadas atraem, não somente um obsessor, mas vários. Era triste ver o sofrimento ali. Infelizmente, não foram todos libertados das perseguições, não por não terem a assistência adequada, mas pela própria escolha dos perseguidos de não se ajudar. A transformação moral requer trabalho árduo, mas quando nos encontramos encarnados, não desejamos dificuldades, mas, sim, facilidades, nos achando merecedores de glórias.

Muitos, quando voltassem ao corpo físico, no despertar de um novo dia, diriam que tiveram uma noite terrível, com pesadelos. Outros, teriam lembranças fragmentadas, e apenas os que compreenderam e aceitaram a situação acordariam sentindo-se melhor.

Infelizmente, uma grande parte, por não ter condição moral de entender, acharia que teve uma noite ruim, sem se lembrar até de que tiveram um sonho. Como podemos ver, sonho é a realidade vista e vivida no mundo invisível. Cada um vai atrás do que lhe atrai, mas poucos vão à busca de melhora.

Volta ao lar

– Senhor Airton, coma, por favor. Olhe o seu estado de saúde – dizia Bento, com um prato de comida nas mãos.

– Saia, negrinho imundo! Chame Melca, aquela infeliz!

– Ela morreu, senhor Airton, o senhor já sabe disso. A pobrezinha deve estar no céu.

E quase sem se deixar ouvir, acrescentou:

– Só de aturar o senhor!

Aproximei-me de Airton, toquei em seu rosto e disse:

– Meu filho amado, me perdoe pelo mal que lhe causei. Aceite a ajuda de Bento. Ele é bom e cuida de você com zelo.

Ele era incapaz de perceber a minha presença ali. Como isso doía em minh'alma. Sophia havia-me preparado para a minha volta ao lar e eu tentava fazer uso dos seus ensinamentos.

– Eu o amo, meu filho. Orarei por você todos

os dias até o nosso reencontro, demore o tempo que for necessário. Estarei sempre ao seu lado e me dedicarei, desde já, a ajudá-lo. Voltarei com você, quantas vezes me for permitido, para consertar o estrago que fiz. Não perderei uma chance, se você quiser.

Era o sentimento de mãe que reinava em meu coração. Sophia havia-me dito que eu me sentiria exatamente assim, e o motivo é que só tendo amor de mãe para querer sofrer em benefício de um filho de Deus. Como eu compreendia essas palavras sublimes. Mãe é ensinar, não participar dos anseios infundados dos filhos queridos. É dizer não, sempre que necessário, impedir que o mal cresça dentro dos filhos de Deus, que vêm como seus tutelados. Amar sim, com sabedoria e limites. Ele podia não ter sido um filho maravilhoso para mim, talvez nem mesmo tivesse compreendido os meus ensinamentos e os do pai, mas uma coisa era certa: não estaria agora pedindo perdão pelo mal que lhe causei, se tivesse agido corretamente. Se ele era, antes de vir para nós, um Espírito endurecido, rebelde e cheio de vontades, eu havia aberto a cancela da sua alma para o mal se alastrar. Mas como Sophia me ensinou, não devia deixar a culpa me arrastar para zonas de dor, por isso, elevei os meus pensamentos, orei ao Senhor para me fortalecer e, agora, mais que tudo, fortalecer Bento em sua difícil tarefa. Devido ao estado de Airton, era visível que ele não ficaria muito tempo naquele corpo enfermo e desgastado, e Bento poderia, em breve, usufruir o que era seu por direito. Teria paz e uma casa. Como era um bom rapaz, acharia uma moça para constituir uma família. Era esse o meu desejo. Voltei para a "Casa do Amor", comovida com tudo o que havia presenciado.

– Boa tarde, Dona Melca – cumprimentou-me Sophia, sorrindo.

– Boa tarde, meu anjo.

– Penso que não deva ficar triste, afinal, teve a oportunidade de voltar ao seu lar. Sei que não foi fácil rever Airton, mas também sei que foi o melhor para a senhora.

– Sophia, Airton está cada vez pior! Insulta o pobre Bento...

– Não pense assim. Nem tenha essas lembranças. Um dia, ele compreenderá tudo e, então, poderá agir de modo diferente. Enquanto isso, cabe-nos apenas ajudá-lo. Já estivemos em situação semelhante e, quem sabe, fomos mais difíceis que ele? Se nós conseguimos aprender, ele também aprenderá. Chegará o dia de ele trabalhar em benefício de outros.

– Sei que fui eu quem o direcionou no mal e, agora, o pobre sofre!

– Não pode se culpar desse jeito. Bem sabe que ele ainda se encontra endurecido como Espírito, sendo responsável pelas ações praticadas, e se aceitou sugestão para errar, também podia ter aceitado, com muito mais proveito, as de acertar. Apenas escolheu o que se assemelhava ao estado evolutivo em que se encontrava. Teve ótimos ensinamentos durante longos anos, ou melhor, no período em que ainda estava sendo moldado pelos pais na infância, a senhora e Enéas. A rebeldia foi sendo cada vez mais visível na adolescência, na idade em que os Espíritos começam a mostrar a sua verdadeira personalidade. Se são bons, inclinam-se às práticas positivas; se são maus, procuram se aliar a pessoas más e concretizar ações perversas ou equivocadas, como pôde constatar. Airton apenas mostrou, com ações, a sua verdadeira personalidade. É com as encarnações que os Espíritos vão adquirindo o desejo de se melhorar e ele também chegará a essa conclusão.

– Eu sei, meu anjo, mas nós sabemos que quanto mais demorar, mais sofre!

– É verdade, porém, a escolha é sempre do Espírito e não nos cabe impedir que ele aprenda. Se escolher ir pelo caminho do sofrimento, será livre para percorrê-lo e terá que aguentar todas as agruras que ele lhe oferece. Uma vez dentro dele, só sairá quando resolver tomar outro rumo. Só que haverá algumas consequências por essa escolha infeliz: a dor, a amargura, a solidão, o abandono e tantos outros sofrimentos que irão ajudá-lo a perceber que fez a escolha errada. É assim que a maioria de nós aprende.

– A maioria, Sophia? Existem pessoas que não erram?

– Sim, mas errar todos nós erramos, e isso faz parte do estágio de todos os Espíritos. O problema não é bem o errar, é o de permanecer no erro e, ainda pior, gostar. São esses que sofrem muito e demoram a evoluir.

– Entendo! Vou tentar, cada vez mais, parar de errar e compreender a sua lição. Farei o possível para ajudar o pobre Airton, sem me culpar. Afinal, se eu perder tempo com sentimentos de culpa, entrarei em processo de dor e não terei condições de ajudá-lo. Obrigada, meu anjo.

– Bem, dona Melca, a senhora já se lembrou de que trabalhou comigo em zonas de sofrimento, auxiliando irmãos nossos. Pois bem, soube que solicitou uma oportunidade de trabalho nas câmaras dos postos de socorro no umbral. E, hoje, estou aqui para lhe trazer a boa notícia: o seu pedido foi estudado e aceito, afinal, já tem experiência lá. Hoje mesmo, poderá ir com Lauriano e Verusca, que são trabalhadores daquele local. Tenho certeza de que irá realizar um excelente trabalho de amparo.

– Meu Deus! Como estou feliz! Muito obrigada, Sophia...

– Não me agradeça, dona Melca, pois não tenho o poder de destinar pessoas para determinado trabalho e aqui, como a senhora sabe, é bem diferente do mundo material grosseiro, ou seja, não há privilégios. Os pedidos são analisados antes e, se houver condição, são aceitos.

– Sophia, posso lhe fazer uma pergunta?

– Claro que sim. Se eu souber responder.

– Vejo sempre você partir para visitar encarnados. Quem são eles? São seus antigos familiares? E sua mãe Júlia, o que de fato aconteceu? E sua filhinha? Tem notícias? Eu ainda não a vi nesta colônia. Acaso ela ainda se encontra na carne? Quanto à sua mãe, pergunto, pois era você mesma quem dizia sentir a presença dela ao seu lado... Então, eu deduzia que ela já estava morta, ou melhor, desencarnada.

– Primeiro, visito irmãos para inspirá-los com pensamentos positivos, pois são pessoas que fazem por merecer esse auxílio. Eu e muitos de nossa colônia, e de outras, fazemos esse trabalho. Porém, o meu trabalho aqui no mundo espiritual é o de orientar os desencarnados que jazem temporariamente em zonas sombrias. Eu os oriento primeiro e, só então, quando aceitam ajuda ou já compreendem que não adianta permanecer se torturando, culpando-se, e principalmente sem perdoar os que lhes fizeram mal, é que uma equipe de socorristas do amor vai resgatá-los, ou melhor, trazem-nos para serem tratados em hospitais, alguns em nossa colônia, outros, em postos de socorro, ao lado dos vales sombrios. Um desses postos é onde a senhora irá trabalhar.

– Eu pensei que você fazia parte dessa equipe.

– Não. Cada um tem sua função e a minha é de orientar. Enéas faz parte dessa equipe.

– Enéas?!

– Sim, dona Melca, ele fazia parte dessa equipe antes de ter nova oportunidade na carne e, quando retornou, pôde retomar o seu antigo posto.

– Ah, Sophia, como estou feliz!

– Então, minha doce Melca, vamos procurar o que fazer, que a vida continua, cheia de trabalho e muito aprendizado pela frente, e não podemos perder essas oportunidades, não é mesmo?

– E quanto à querida Júlia? E sua filhinha, Sophia?

– A minha mãezinha se encontra na glória do Senhor! Teve uma vida difícil, lutou muito e venceu. Desencarnou de forma brutal e, mesmo assim, não se revoltou. Eu a amo muito e sempre estaremos próximas, como irmãs queridas. Hoje, ela vive em uma colônia próxima à nossa, trabalha com crianças e, sempre que pode, vem nos visitar, pois tem muitos amigos aqui e é muito amada também. E a minha querida Joaninha vive na Terra e terá muitas coisas a enfrentar. Foi adotada e é muito amada. Sempre vou até ela e a auxilio para que possa se tornar uma pessoa de bem.

Não perguntei mais nada, apesar de ficar triste em ouvir Sophia dizer que sua mãe desencarnou de maneira brutal. Percebi que estava na hora de parar de perguntar. Se fosse para eu saber como e quando, ela teria me contado. E quanto a Joana, a filhinha, não ousei perguntar mais nada. Voltei ao trabalho e Sophia também.

Esclarecimentos

Eu conversava com Eunice, companheira de trabalho no posto de socorro, quando a senhora Eulália apareceu. Ela era encantadora e dirigia aquele posto com tanto amor e felicidade, que sou incapaz de descrever com palavras. Pedi licença a Eunice e fui ter com ela. Às vezes, o movimento era tanto naquele posto, que não dava para parar e conversar com alguém. Lauriano e Verusca haviam sido excelentes orientadores para mim, mas havia algo que eu não compreendia: era o motivo de Sophia, um ser moralmente muito elevado e portadora de um amor sublime, ter a necessidade de viver uma vida tão difícil e dolorosa. Eu sabia que a senhora Eulália era muito amiga dela e a admirava imensamente e, certa vez, ouvi-a falar que não tinha ainda a coragem de Sophia para voltar ao vaso carnal. Não compreendi sobre que coragem ela falava e o porquê.

Resolvi, então, conversar com ela, mas, de repente, uma ventania se formou lá fora e fiquei muito assustada. Eunice veio até a vidraça de uma das janelas e olhou para os lados como que para averiguar a extensão do problema e disse:

– Pobres infelizes!

– Do que se trata, Eunice? Que ventania é essa?

– Melca, minha amiga, veja a espessura, a cor e o formato...

– Nunca vi algo igual antes! – exclamei.

Eu estava realmente espantada, pois era a primeira vez, desde que cheguei para trabalhar no posto, que presenciava algo assim. Segundo Eunice, não era a primeira e, infelizmente, não seria a última. Era uma nuvem espessa, parecendo ser formada por pessoas, não que eu pudesse ver alguém, mas falo pela forma com que, algumas vezes, apareciam braços abertos e rostos deformados, como a se esconder nessa formação, muito escura e densa, circulando como um tufão assustador, envolvendo todo o posto de socorro. Ora se ouviam gemidos, outras vezes, gritos aterrorizantes, e era de fato uma coisa terrível. Estávamos protegidos de qualquer força inferior ali dentro, pois os recursos de segurança impediam qualquer manifestante de perturbar a paz acolhedora daquele ambiente socorrista. Mesmo assim, era impossível não se assustar, pelo menos eu, com aquele vendaval de trevas. De repente, mãos se espalmaram sobre a janela à qual eu me encontrava de rosto colado, observando o acontecimento. Saltei para trás, assustada e, ao mesmo tempo, sentindo compaixão pelos que jaziam lá fora, em movimento tenebroso. Vozes começaram a blasfemar, parecendo falar coisas sem nexo, pobres criaturas que sofriam nas trevas! Era um amontoado de homens e mulheres parecendo estar entrelaçados, sem condição de serem separados, tamanha devia ser a afinidade. Eulália pediu que fizéssemos uma prece, recrutando reforços. Assim foi feito e logo se juntaram a nós Sophia e mais seis amigos, que se espalharam ao redor do salão assistencial, colocando as mãos na direção do vendaval e, em poucos minutos, a calma se fez presente lá fora. Quando tudo parecia ter-se acalmado, perguntei a Sophia o que era aquilo.

– São inimigos da paz. Irmãos que se unem para destruir este campo de amor. Se fossem acolhidos aqui por nós, atentariam contra a segurança e a paz dos pacientes que ainda não têm condições para suportar vibrações tão venenosas – esclareceu Sophia, generosa.

– Mas há alguém que possa sentir vontade de alojar essas feras em câmaras como estas? – perguntei, emocionada.

– Se os trabalhadores não tiverem o devido preparo e experiência para esse tipo de trabalho, podem se compadecer desses irmãos que sofrem, mesmo sendo maus, e terem o desejo de acolhê-los para tratamento, mas não devem. É por esse motivo que só os que já possuem experiência podem trabalhar nos postos de socorro do umbral. Veja a senhora... Assustou-se, mas não pensou em trazê-los para dentro, e tenho absoluta certeza de que não foi por falta de caridade, mas por ter a experiência na alma de que isso causaria danos ao ambiente.

– Entendo, Sophia. Como é triste!

– É, dona Melca, sei que não é fácil trabalhar aqui, pois o sofrimento é maior quanto melhor é o trabalhador.

Sophia e os amigos se despediram de nós e partiram. Então, aproveitei e fui ter com Eulália.

– Dona Eulália, não sei se é hora para lhe fazer uma pergunta sobre Sophia, mas tenho algo que há muito me perturba e gostaria de saber. A senhora bem sabe do amor que sinto por ela e isso é bem claro para todos, então, peço que, se for possível, me permita perguntar.

– É sempre hora de se esclarecer – respondeu a orientadora, delineando um sorriso.

– Bem, a senhora tem conhecimento da última reencarnação de Sophia: a dor, o constrangimento, a humilhação, o abandono e outras coisas mais, e é exatamente essa a dúvida que tenho. Como pode um ser tão iluminado quanto ela sofrer tanto na carne?

– Ah, minha querida, eu entendo a sua dúvida e tentarei aliviar o seu coração respondendo a essa pergunta. Bem, há mais ou menos um século, convivi com Sophia em trabalho de limpeza dos corpos que aqui chegavam. Ela era uma das mais esclarecidas, eu não me sentia à altura e sempre tentava tomá-la como exemplo. Foi exatamente nessa época que Sophia se apresentou ao diretor de renascimento e solicitou uma nova oportunidade na Terra. Ele, então, explicou que ela teria que percorrer os arquivos mentais mais remotos, a fim de procurar antigos débitos, para resgatar na carne...

– Antigos débitos? E os novos? Ela não os tinha?

– Não. Os novos ela já os havia resgatado. Em verdade, dona Melca, são os antigos que são mais dolorosos, pois já praticamos crueldades que, hoje, pelo esclarecimento que temos, não seríamos capazes de praticar.

– Entendo! Mas não conta a falta de instrução daquela época?

– Conta, sim, mas, em alguns casos, mesmo nos antigos, algumas pessoas, como Sophia, já haviam conquistado conhecimentos e, se praticara erros mais graves, havia sido pelo desejo de cometê-los.

– Sim, mas continue, por favor.

– Como eu estava dizendo, Sophia aceitou, por já estar preparada para tal resgate e por já ter evoluído o suficiente para suportar tão dura prova, a oportunidade de navegar no escaninho da própria alma e rever uma ação praticada por ela mesma contra um irmão indefeso, isso no século XIII, deixando o pobre infeliz, sem lar e família, e vindo a praticar o suicídio, achando que seria o alívio para os seus sofrimentos. Sophia já havia voltado à carne inúmeras vezes, quando eu a conheci. Sempre disposta ao bem, algumas vezes como mulher, outra, em corpo masculino, amparava irmãos sofredores e transviados, podendo sempre voltar à nossa pátria espiritual com uma mala contendo verdadeiro tesouro. Podia, também, dessa forma, escolher o tipo de prova que deveria passar, e não me lembro de tê-la visto, em nenhuma dessas oportunidades, pedir facilidades. Até hoje, ela fala que a felicidade não está na carne, mas na alma, e eu a admiro muito e tento sempre me espelhar nela.

– Não sabia que pagávamos ainda por débitos tão distantes.

– É, dona Melca, ninguém parte da Terra para uma vida melhor, sem pagar ceitil por ceitil. Sophia possui crédito suficiente, mas, mesmo assim, prefere descer aos báratros para buscar aqueles que não conseguem subir sozinhos.

– Ela poderia, dona Eulália, estar vivendo em um mundo melhor que o nosso?

– Ah sim! Mas ela própria não vê isso com alegria, neste momento. Não pensa em partir para uma felicidade enquanto tantos aqui jazem na dor. Eu a conheço bem, e sei que, enquanto o sofrimento habitar o planeta Terra, tão amado por ela, preferirá continuar reencarnando nele e trabalhando para aliviar a dor de muitos.

– A senhora disse "tão amado por ela", e os outros mundos, ela não admira?

– Como não admirar a criação do nosso amado Pai? A Terra é um mundo de provas e expiações e, por isso, muito mais doloroso que outros, em estágio primitivo. Os habitantes desses outros mundos primitivos não sentem muito os próprios erros, pois são tão animalizados ainda, que agem sem pensar e não se dão conta das dores. Os que vivem em mundos semelhantes ao nosso, sofrem muito mais.

– Eu compreendo, pois Sophia havia-me explicado antes. Bem, vamos voltar ao trabalho e continuar, mais que nunca, nos espelhando em Sophia e em muitos outros que estão em situação igual à dela e que vivem conosco nesta cidade espiritual.

Minhas conclusões

Cada dia de minha vida no plano espiritual era só de aprendizado e ainda esperava Airton chegar. Ele já desencarnara há muito tempo e, às vezes, eu me perguntava como alguém conseguia ficar tanto tempo em zona de sofrimento. Eram horríveis aqueles lugares, repletos de choros e tormentos, onde nunca se via o Sol, odores nauseantes, o frio e, algumas vezes, calor intenso e insuportável. O mais impressionante era que muitos encarnados, quando se desligavam de seus corpos através do sono, vinham até esses lugares tenebrosos. Eu mesma ficava assustada ao vê-los através das janelas do posto de socorro, como transeuntes, já que era fácil a identificação, pois traziam um cordão fluídico em seus corpos perispirituais, ligando-os aos seus corpos materiais adormecidos. O que mais me assustava nessa visão era que muitos não estavam ali em estado de demência, mas perseguindo inimigos desencarnados, e pareciam fazer isso com tanta facilidade e conhecimento, que eu só podia concluir que já eram íntimos dali. Um dia, fui chamada e me participaram que, em breve, Airton seria resgatado, não por ter merecimento, mas por ter necessidade de uma reencarnação urgente. Tentei ficar feliz, mas acreditem, me encontrava triste por conhecer a personalidade do meu esposo, já sabendo que as condições dele não seriam das melhores.. Sophia estivera com ele inúmeras vezes, sem que o pobre infeliz se apercebesse. As orações eram feitas não só por mim, mas por todos que habitavam as cidades espirituais, em favor dos que sofriam nos pântanos das sombras, pobres criaturas envoltas na culpa, acreditando serem injustiçados, sofrendo pela falta do perdão, sucumbidos no ódio e na mágoa. Manipulados e manipuladores, agora perdidos e consumidos nos pesadelos, só seriam socorridos quando reconhecessem seus próprios erros. Em breve, descobririam o quanto Deus é misericordioso e que sempre permitiria que cada um trabalhasse pela sua própria regeneração. Toda vez que era trazido um irmão para o amparo em nosso posto, eu olhava e pensava: "pobre Airton, que ainda sofre!"

Enéas, em sua generosidade, iria em breve reencarnar e seria mais uma vez seu pai. Eu sabia que não seria uma prova fácil, mas tinha a convicção de que ele tinha condições morais suficientes para suportar, e isso me aliviava. Mas não achei justo deixar Enéas sozinho e resolvi pedir para ir com ele e que eu pudesse conviver com as dificuldades maiores que ele próprio. Nem pude acreditar quando meu pedido de voltar com Enéas foi aceito. Ele teria que trabalhar para o sustento da família e eu ficaria incumbida de cuidar do filho dele, assim que a sua esposa desencarnasse. Enéas iria voltar com uma irmã que nada tinha com as vidas passadas dele, porém, necessitava voltar à carne e ter, por pouco tempo, a experiência materna, ela, unindo-se para um resgate do pretérito, ele, para ajudar um irmão sofredor. Seriam almas, cada uma com o seu aprendizado. Por minha vez, não teria os meus próprios filhos. Como Melca, também não os pude ter, tudo por misericórdia divina, pois, se eu tivesse os meus próprios filhos, correria o risco de negligenciar o pobre Airton na nova existência. Quando ele estivesse na adolescência, seria eu a sua madrasta e, assim, assumiria a responsabilidade de criar um filho que não seria meu, e ainda doente. Já tinha o conhecimento de que a lei da reencarnação explica as causas atuais e passadas das nossas aflições, pois o nosso presente é o reflexo do que temos sido até hoje. Airton contrairia uma doença mental na fase da adolescência, tendo, como causa, suas atitudes do passado, e eu sofreria, mais uma vez, não como punição, agora, mas por amor a um Espírito, com o qual contribuí para a queda. Eu sabia que as causas da loucura eram diversas, pois já havia estudado isso em nossa cidade espiritual, antes de vir trabalhar no posto de socorro, e que, quase sempre, eram provenientes de faltas passadas. No caso de Airton, foi o envolvimento com a vida mundana e o não desenvolvimento da parte moral. Eu temia que fosse compulsória a sua reencarnação, pois seria muito mais dolorosa. Sophia havia-me dito que, da última vez que estivera com ele, constatou que se sentia culpado pelos maus tratos praticados contra mim, mas apenas isso, pois com relação às outras faltas, ainda se achava injustiçado. Anos se passaram desde a desencarnação dele e, agora, havia chegado o dia do seu resgate. Nesse momento, Sophia me pediu que a acompanhasse...

– Hoje, iremos resgatar irmãos que são trazidos em estado de demência pela culpa. Deveremos ficar vigilantes com as vibrações emanadas por eles, a fim de não deixarmos baixar o nosso padrão vibratório. Oremos ao bom Deus, rogando auxílio fluídico. O trabalho deve ser harmonioso e cheio de compaixão, pois alguns infelizes já não aguentam mais o sofrimento e rogaram piedade ao nosso Pai amado. Infelizmente, outros se encontram em estado de demência, incapazes de tomar decisões, paralisados pela culpa, e se encontram em verdadeiros casulos humanos, apesar de que, há também os que serão trazidos por necessidade de urgência reencarnatória. Seremos o bálsamo que aliviará os nossos irmãos. Santifiquemos as nossas intenções, pois devemos vê-los como filhos do coração, e só assim teremos a verdadeira compaixão. Não deve haver diferença para com os socorridos, mesmo que tenham sido entes queridos nossos. São todos iguais e necessitados de amor, são filhos de Deus e é com muito carinho que devemos chegar até o vale dos suicidas, para recebê-los das mãos dos socorristas...

Naquela hora, fui tomada por um grande abatimento, e Sophia, percebendo minha aflição, explicou:

– Irmãos que se autodestroem, através do ódio, da ganância e de tantas paixões inferiores, acabam aniquilando células sadias, levando o corpo material a uma morte prematura. São suicidas, muitas vezes inconscientes, que não se dão conta de que impregnam, no perispírito, fluidos deletérios, com teores negativos poderosíssimos e que, na hora da desencarnação, serão compatíveis com zonas de sofrimentos construídas com esses tipos de fluidos. Dessa forma, são atraídos para essas zonas pela afinidade fluídica existente em seus perispíritos. Agora, está na hora de partir...

Estava muito claro para mim que o meu Airton era um suicida.

Foi doloroso ir até o vale dos que sofriam pelos próprios atos. O trabalho não foi fácil. Vi alguns irmãos implorando para ir com a gente, mas, infelizmente, não era possível, pois encontravam-se ali por infringirem a lei de amor. Haviam rompido com a vida antes do tempo, promoveram dores, desequilibraram pessoas, destruíram famílias, muitas vezes, a própria. Sei que não estava pronta para trabalhar naquela zona, pois, na verdade, só mesmo seres evoluídos teriam essa capacidade. Amar a todos sem distinção é muito difícil para mim, porque, apesar de ver o sofrimento dos que apenas estavam à minha volta, era no Airton que eu mais me concentrava, e tentava desvincular o meu pensamento do dele, ciente do que Sophia havia-nos recomendado: o amor igualitário.

Também sabia que seria impossível sair daquele lugar sem a equipe de socorro. Numa espécie de caverna, no fundo de uma montanha, onde a escuridão era intensa, a luz que tínhamos surgia dos corpos dos irmãos socorristas, cada um em seu grau, apenas o suficiente para visualizar o local.

Não demoramos muito e, com precisão e controle, voltamos para o nosso posto de auxílio, com os irmãos que haviam sido resgatados. O pobre Airton e os outros, penso até que a maioria, dezessete no total, não compreendiam que estavam agora em segurança.

A benevolência de Deus se fazia presente mais uma vez naquele resgate de amor. Almas endividadas teriam oportunidade de resgatar os seus débitos em vidas futuras. Necessitariam passar por tratamento e reeducação de hábitos. Estudariam para compreender que, sem o bem, tudo é falível. Que, praticando o mal, estaremos mais perto do início primitivo, que do fim angelical. Quanto mais tempo eu permanecia no mundo invisível, mais me surpreendia com a lei de amor e agradeci a Deus pela oportunidade bendita, voltando ao trabalho. Agora, mais do que nunca, desejava fazer algo para resgatar o meu débito, pois já não temia a volta à carne e lembrei-me do dia em que cheguei aqui no plano espiritual, deslumbrada com a iluminação do ambiente, dizendo que jamais pediria para voltar, descobrindo depois o quanto sentimos necessidade de evoluir. Dei-me conta de que estava sentindo-me feliz por poder retornar, ter uma família, mãe, pai e irmãos... Era uma felicidade enorme e, o melhor de tudo, era que não me lembraria das minhas faltas e ainda seria acompanhada, mais uma vez, pela doce Sophia, como Espírito protetor.

Em meio aos meus pensamentos, no posto de socorro, surgiu, como um anjo de luz, a doce Sophia, trajando um belo vestido azul-claro e xalezinho igual ao que usava em vida na carne. Parada, com os braços abertos, olhava, com ternura, pacientes e enfermeiros e, de seus lábios finos e rosados, palavras jorravam como água em fonte luminosa.

– Quando o filho do homem vier, em sua glória, acompanhado de todos os anjos, então se assentará em seu trono glorioso. Todos os povos da Terra serão reunidos diante dele, e ele separará uns dos outros, assim como o pastor separa as ovelhas dos bodes. E colocará as ovelhas à sua direita e os bodes à sua esquerda. Então, o Rei dirá aos que estiverem à sua direita: "Vinde, benditos de meu Pai! Recebei como herança o Reino que meu Pai vos preparou desde a criação do mundo! Pois eu estava com fome e me destes de comer; eu estava com sede e me destes de beber; eu era estrangeiro e me recebestes em casa; eu estava nu e me vestistes; eu estava doente e cuidastes de mim; eu estava na prisão e fostes me visitar". Então, os justos lhe perguntarão: "Senhor, quando foi que te vimos com fome e te demos de comer? Com sede, e te demos de beber? Quando foi que te vimos como estrangeiro e te recebemos em casa, e sem roupa e te vestimos? Quando foi que te vimos doente ou preso, e fomos te visitar? Então o Rei lhes responderá: "Em verdade eu vos digo, que todas as vezes que fizestes isso a um dos menores de meus irmãos, foi a mim que o fizestes!" Depois, o Rei dirá aos que estiverem à sua esquerda: "Afastai-vos de mim, malditos! Ide para o fogo eterno, preparado para o diabo e para os seus anjos. Pois eu estava com fome e não me destes de comer; eu estava com sede e não me destes de beber; eu era estrangeiro e não me recebestes em casa; eu estava nu e não me vestistes; eu estava doente e na prisão e não fostes me visitar'. E perguntarão, também eles: "Senhor, quando foi que te vimos com fome, ou com sede, como estrangeiro, ou nu, doente ou preso, e não te servimos? Então o Rei lhes responderá: Em verdade eu vos digo, todas as vezes que não fizestes isso a um desses pequeninos, foi a mim que não o fizestes! Portanto, estes irão para o castigo eterno, enquanto os justos irão para a vida eterna".

Podíamos sentir a interpretação daquelas palavras em nosso coração, de maneira clara e sucinta. O silêncio se fazia no recinto acolhedor e flores surgiam do alto, a banhar os corpos dos irmãos socorridos. Podíamos presenciar, ali, alívio aos sofredores.

Os que se encontravam em casulo humano, começavam a despertar, num maravilhoso e surpreendente espetáculo.

"– Sabemos que já começou esse período, e quantos irmãos que amam incondicionalmente os filhos do nosso bom Deus, não descem até nós para glorificar o Onipotente, nos ensinando a prática da justiça, da caridade e do amor, para o advento do Espírito. Só através do progresso moral se abrem as portas do progresso intelectual verdadeiro. Não nos ensinam, a todo instante, a sermos brandos e humildes de coração, desinteressados e dedicados aos nossos irmãos? Não se procede desde o início dos tempos, a separação a que aludia Jesus? Não é segundo o grau de adiantamento que os Espíritos são localizados em mundos superiores ou inferiores? Estamos neste por pertencer a este, e por que não lutar com amor para a nossa redenção? Se hoje sofremos, amanhã poderemos não mais sofrer, e apenas nos resignar diante da vontade do nosso Pai Celestial. Permitamos que Jesus, o nosso irmão amado, faça parte de nossas vidas. Lutemos contra as nossas imperfeições morais.

Voltaremos em breve à carne e não devemos perder a oportunidade de reparar os equívocos por nós praticados. Deus não nos deixará desamparados, pois irmãos invisíveis estarão nos auxiliando quando esse dia chegar, e outros, que reencarnarão junto a nós, para serem irmãos amigos, também serão mãos consoladoras a nos amparar nos momentos mais difíceis. Auxiliaremos com fervor aos pequeninos, vestiremos os nus, saciaremos os que têm sede, visitaremos os prisioneiros nos calabouços da alma, abrigaremos os que jazem na solidão e, enfim, quando chegar mais uma vez o dia da nossa volta a este lar espiritual, voltaremos como vitoriosos e seremos recebidos em festa, pois os anjos do Senhor festejam com alegria a volta dos pecadores que vencem no estágio da carne. Que Deus nos abençoe, irmãos amados, nesta nova jornada..."

E aquele anjo desapareceu, então, no ar, como uma neblina. Todos ali choravam, havíamos compreendido a mensagem. O meu pensamento era um só: como eu, criatura tão imperfeita, poderia ter convivido com Sophia? Mas a resposta veio de imediato em minha mente: "Deus dá a luz aos que vivem nas trevas".

Sinto-me honrada em poder contar a vocês que existem anjos na Terra, anjos humanos, sem asas e sem voar. Deus permite a presença deles entre nós para nos ensinar a amar. A evolução só é possível por existir modelos de Espíritos evoluídos junto a nós, e Sophia certamente é um desses, senão, como aprenderíamos? Sophia era para mim um anjo, pois jamais presenciei qualquer ato indigno da parte dela; renunciou à própria liberdade para não causar mais dor a um Espírito que aniquilava a própria alma; viveu entre os rejeitados, amando-os como filhos legítimos; não condenou com palavras ou julgou um só irmão. Compreendia que todos ali estavam agindo de acordo com as próprias convicções, equivocadas ou não, e dizia:

– Se Deus dá o livre-arbítrio, quem sou eu para impedir? Mas posso e devo auxiliar.

Por mais vez eu perguntei a ela por Júlia, sua mãe amada e também pela filha do coração, e ela me respondeu:

– Minha mãe vive na glória do Senhor.

Com o tempo, fiquei sabendo o que acontecera. Júlia havia sido assassinada por Justino, ao voltar para buscar Sophia, e foi enterrada no fundo da casa em que eles moravam. Sophia sentia a presença da mãe constantemente por ela já viver no mundo dos Espíritos. Não se revoltou com a situação, aceitou apenas e tentou compreender o que levou aquele homem a praticar o homicídio. Vivem na glória do Senhor todos os que aceitam a vontade do Pai e continuam trabalhando em benefício dos que lhes causaram dor. Júlia, no momento, trabalha com crianças, no mundo espiritual. Ela e Sophia são muito próximas. Eunice, que trabalha no posto, comigo, me esclareceu que Joana, filha da Sophia, estava ainda encarnada, e que Justino, antes de sumir, depois de atear fogo na casa em que eles moravam, entregou-a à esposa do senhor Miguel, o mesmo que queria lhe dar cabo, com medo de que todos ficassem sabendo que a filha de Sophia estava sendo criada por ele e a esposa. Jamais puderam ter filhos, amava a garota como filha e temia perdê-la, ou que a garotinha ficasse sabendo a verdade sobre ter sido adotada. Eu vivi muitos anos ainda em Pinheiro Machado, depois da desencarnação de Sophia e até vi, algumas vezes, a esposa de Miguel com a filhinha nos braços, mas não imaginava que era a de Sophia. E a pobre Sophia, tão perto e, ao mesmo tempo, tão longe daquela que era a razão do seu viver.

Voltarei em breve à carne. Por enquanto, trabalho muito para aprender mais. Não reclamo de nada, mesmo assim, tenho certeza de que ainda falta muito para eu alcançar Sophia em evolução.

Sinto-me honrada em ter recebido a permissão de contar a história desse anjo. Não se esqueçam jamais de que há sempre alguém que não possa ser visto ou, até mesmo sentido, ao lado de vocês. E é Deus que lhes envia esse Espírito protetor. Orem a Deus para os fortalecerem diante das agruras e não se deixarem derrotar, aniquilando os pensamentos bons e permitindo que floresçam os que os poderão destruir. Acreditem, meus irmãos, a vida é muito mais do que se pode imaginar, quando na carne. Façam o melhor possível, para que venham a ter a felicidade de serem, no mínimo, amparados em um hospital do

Plano Espiritual. Modifiquem a atmosfera fluídica, libertando-se dos erros enquanto estiverem encarnados, lembrando-se sempre de que só voltamos à carne para nos redimir.

E que Jesus esteja em nossos corações, hoje e sempre.

FIM

No ano de 1963, Francisco Cândido Xavier ofereceu a um grupo de voluntários, o entusiasmo e a tarefa de fundarem um Anuário Espírita. Nascia, então, o Instituto de Difusão Espírita - IDE, cujo nome e sigla foram também sugeridos por ele.

A partir daí, muitos títulos foram sendo editados e o Instituto de Difusão Espírita, entidade assistencial, sem fins lucrativos, se mantém fiel à sua finalidade de divulgar a Doutrina Espírita através da IDE Editora, tendo como foco principal, as Obras Básicas da Codificação, sempre a preços populares, além dos seus mais de 200 títulos em português e espanhol, muitos psicografados por Chico Xavier

O Instituto de Difusão Espírita, conta, também, com outras frentes de trabalho, voltadas à assistência e promoção social, como o Albergue Noturno, evangelização, alfabetização, orientação para mães e gestantes, oficinas de enxovais para recém-nascidos, entrega de leite em pó, vestuário e cestas básicas, assistência médica, farmacêutica, odontológica, tudo gratuitamente.

Este e outros livros da **IDE Editora**, subsidiam a manutenção do baixíssimo preço das **Obras Básicas, de Allan Kardec**, mais notadamente, **"O Evangelho Segundo o Espiritismo"**, edição econômica.

Palô
Wilson Frungilo Jr.

Ele viu um mundo diferente.
Viu a amizade, onde todos apontavam diferenças. Experimentou a paciência, onde todos agiam com intolerância. Tocou a face da esperança, quando muitos, ao seu redor, lhe mostravam suas limitações. Ele amou, mesmo quando a distância lhe dizia que seria impossível...
Arlete, encantadora menina. Amiga, paciente, bela e corajosa, pertencia a uma família rica. Inteligente que era, logo começou a se destacar entre as melhores alunas de sua escola.
Duas crianças vizinhas que cresceram juntas. E essa amizade, pura e ingênua, transformou-se num grande amor na adolescência.
Ela, com seu futuro brilhante. Ele, limitado por um pequeno, mas comprometedor atraso mental, viu muitas portas se fecharem e, também, o amor de sua vida se distanciar.

ISBN: 978-85-7341-573-5 | ***Romance***
Páginas: 320 | **Formato:** 14 x 21 cm

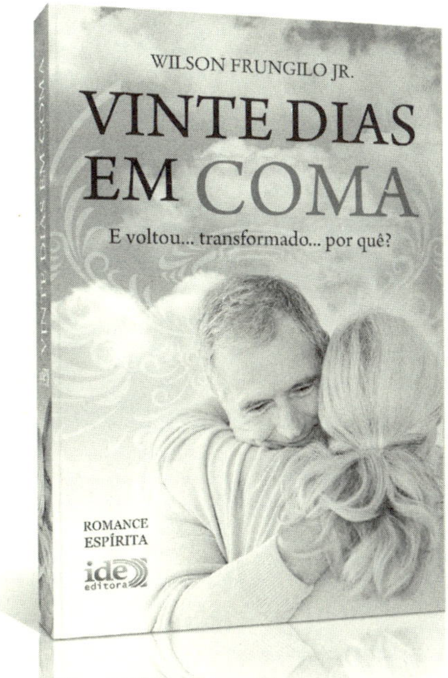

Vinte dias em Coma
Wilson Frungilo Jr.

"Uma surpreendente descoberta na reconquista dos valores mais caros da existência."
Comovente história de amor a nos comprovar que esse sentimento maior pode ser resgatado no coração daqueles que se propuserem a encontrar a felicidade, bastando o mágico toque da humildade, do perdão e da ternura. É o que narra este romance, demonstrando que um exame mais apurado sobre quem realmente somos, e sobre os porquês da vida, pode nos transformar, levando-nos à plena felicidade, dentro dos caminhos da bondade e do amor. O leitor em muito se emocionará com as tocantes surpresas no desenrolar deste livro, onde a temática do intercâmbio entre os dois planos da vida é tratada sob cativante prisma. Enfim, uma obra que nos traz a certeza de que poderemos ser felizes desde que implantemos a felicidade ao nosso redor.

ISBN: 978-85-7341-559-9 | ***Romance***
Páginas: 336 | **Formato:** 14 x 21 cm

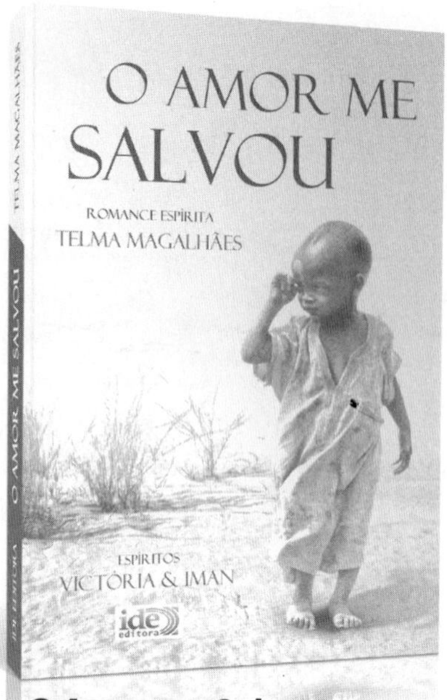

O Amor me Salvou
Telma Magalhães,
por Espíritos Victória & Iman

UM SÚDITO DE PILATOS E UMA LINDA JOVEM de cabelos longos e cacheados. Um equivocado amor, o sentimento de rejeição, o orgulho ferido levando às raias da dor. Ódio e amor lado a lado.
De profundas feridas nos tempos da Roma antiga até a redenção no fim do século XX, em Serra Leoa. A travessia de duas almas pelo árduo caminho da renovação interior. Uma em busca de perdão e a outra de entendimento sobre o verdadeiro amor.
Uma comovente história que nos faz refletir que, sem seguir os passos de Jesus, nada nos é possível, pois somente através da renúncia, do despojar de nossas imperfeições morais e pela fé na infinita misericórdia de Deus, é que alcançaremos a verdadeira e tão almejada felicidade.

ISBN: 978-85-7341-502-5 | ***Romance***
Páginas: 288 | **Formato:** 14 x 21 cm

Das Sombras Para a Luz
Telma Magalhães,
por Espíritos Victória & Outros

Este livro nos traz emocionantes narrativas, recebidas pela médium, de Espíritos que, equivocados, realizaram, quando encarnados, erradas escolhas as quais, consequentemente, os levaram a grandes dificuldades no plano espiritual, atraídos que foram, por suas próprias consciências e pelas forças da vida e das leis de ação e reação, a regiões inferiores e de grande sofrimento.
São narrativas que nos trazem o testemunho de que somente a mudança íntima, alicerçada pelo arrependimento e pelo desejo de seguir a senda do bem, pode nos resgatar das sombras e nos recolocar no caminho que Deus, nosso criador, nos oferece sempre, como um norte para a verdadeira felicidade.
Uma importante obra a nos lembrar dos compromissos do amor ao próximo, por nós assumidos, antes mesmo desta nossa encarnação, em comovedores testemunhos daqueles que muito erraram e que somente encontraram nos ensinamentos de nosso Mestre Jesus, o sublime portal que os transmigrariam das sombras para a luz.

ISBN: 978-85-7341-454-7 | ***Romance***
Páginas: 208 | **Formato:** 14 x 21 cm

Meditações Diárias
Chico Xavier - André Luiz

Desde a publicação do livro Nosso Lar, em 1943, recebido pelo médium Chico Xavier, o seu autor espiritual, André Luiz, ficou muito conhecido, pois foi o primeiro de uma série de treze livros que, num estilo inconfundível, veio desvendar a vida no Plano Espiritual.

Mas além dessas obras, o Espírito André Luiz também enriqueceu a literatura espírita com suas mensagens esclarecedoras, de abordagem direta, nos chamando para a responsabilidade de nossos atos no dia-a--dia de nossa vida.

E este livro encerra uma coletânea de suas melhores mensagens, sempre em parceria com o grande médium Chico Xavier, proporcionando, ao prezado leitor, momentos de reflexão para uma vida mais feliz dentro dos preceitos do Cristianismo Redivivo.

ISBN: 978-85-7341-440-0 | ***Mensagens***
Páginas: 160 | **Formato:** 14 x 21 cm

Meditações Diárias
Chico Xavier - Emmanuel

Emmanuel foi o dedicado Guia Espiritual de Chico Xavier e Supervisor de sua obra mediúnica, que deu origem a mais de 400 livros, desdobrando a Codificação realizada por Allan Kardec.

Do seu passado espiritual, sabemos que nos últimos vinte séculos, ele reencarnou várias vezes. Assim, o conhecido romance "Há 2.000 anos..." apresenta-nos a sua existência na figura do senador Públio Lentulus, autor da célebre carta endereçada ao Imperador romano, onde fez o retrato físico e moral de Jesus.

E este livro encerra uma coletânea de suas melhores mensagens, sempre em parceria com o grande médium Chico Xavier, proporcionando, ao prezado leitor, momentos de reflexão para uma vida mais feliz dentro dos preceitos do Cristianismo Redivivo.

ISBN: 978-85-7341-449-3 | ***Mensagens***
Páginas: 160 | **Formato:** 14 x 21 cm

ideeditora.com.br

Acesse e cadastre-se para receber
informações sobre nossos lançamentos.

twitter.com/ideeditora
facebook.com/ide.editora

ide

IDE Editora é nome fantasia utilizado do INSTITUTO DE DIFUSÃO ESPÍRITA, entidade sem fins lucrativos, que promove extenso programa de assistência social, detentora dos direitos autorais desta obra.